Dr. S. Fritz Forkel
Kastanienstraße 24
D-61352 Bad Homburg
Tel. (0 61 72) 45 93 38

D1619725

Monem Jumaili

Arabische Korrespondenz

Reichert Verlag Wiesbaden 2007

Bibliografische Information Der Deutschen Nationalbibliothek
Die Deutsche Bibliothek verzeichnet diese Publikation in der Deutschen Nationalbibliografie;
detaillierte bibliografische Daten sind im Internet über
http://dnb.ddb.de abrufbar.

© 2007 Dr. Ludwig Reichert Verlag Wiesbaden
ISBN: 978-3-89500-528-2
www.reichert-verlag.de

إلى أخي

شقيق الروح والجسد

من كان لدي مقامه

مقام أمي وأبي

من شاءت الأقدار ...

الا تصله رسالتي

Inhaltsverzeichnis

Vorwort

Vorwort

Die „Arabische Korrespondenz" ist ein auf die Praxis bezogenes Handbuch, das Studenten, Übersetzern und Geschäftsleuten, ein Hilfsmittel beim Abfassen von Briefen und anderen Schriftstücken bieten soll.

Es bietet Vorlagen für den privaten und offiziellen Schriftverkehr und konzentriert sich insbesondere auf die Handelskorrespondenz. Die Auswahl der Themen orientiert sich an in der Praxis häufig vorkommenden Sachverhalten.

Kapitel für Kapitel stehen dem Benutzer Vokabeln, stereotypische Wendungen, Musterbriefe, und Übungen zu Verfügung. Die Anordnung der Bestandteile der einzelnen Kapitel wurde nach inhaltlicher Kohärenz festgelegt. Ergänzt wird das Buch durch einen Grundwortschatz zu Wirtschaft und Handel, der vor allen Dingen praxisrelevante Fachtermini aus Außenhandel und Finanzwesen bereitstellt.

Es wurde sowohl in den Übersetzungsübungen als auch in den Handelsbriefen, bei denen es um „kritische" Sachverhalte (Mahnungen, Reklamationen etc…) geht, auf Angabe der Adressen des Absenders bzw. des Empfängers verzichtet. Beim Schriftverkehr, der sich in einem arabischen Land vollzieht, wurden die Adressen auf Arabisch fixiert.

Die Übertragung der arabischen Texte, besonders in der privaten bzw. offiziellen Korrespondenz, ins Deutsche erfolgte nicht wörtlich, sondern an den allgemeinen deutschen Sprachgebrauch angepasst.

Die in diesem Buch verzeichneten Namen, Firmen, und Adressen sind fiktiv. Sollten sie tatsächlich existieren, wäre dies reiner Zufall.

An dieser Stelle möchte ich Herrn Alexander Preibisch für seine weitreichende Unterstützung beim Erarbeiten des Manuskripts, für die Anfertigung der Erstfassung der deutschen Übersetzungen sowie für seine Gestaltung des Layouts und die elektronische Umsetzung des Buches besonders danken. Ferner gilt mein Dank Kristina Stock, die das Buch mehrfach einer kritischen Durchsicht unterzogen hat sowie Eckehard Schulz für hilfreiche Anmerkungen. Im Sinne der Verbesserung und Ergänzung einer möglichen späteren Auflage nimmt der Autor kritische Hinweise und Vorschläge gerne entgegen.

Leipzig im Jahre 2007   Monem Jumaili

Private Korrespondenz المراسلات الشخصية

Private Korrespondenz wird in aller Regel formlos verfasst, doch hat sie in ihrer Gesamtheit folgenden Aufbau:

1. Anrede

Sie ist vom Adressaten abhängig. Folgende Anredeformen werden verwendet:

Für Freunde und gleichgestellte Bekannte:

• Mein(e) liebe(r)	أخي العزيز / أختي العزيزة
• Mein lieber	أخي وعزيزي
• Liebe(r)	عزيزي / عزيزتي

| • Mein(e) liebe(r) | صديقي العزيز / صديقتي العزيزة |

Für Liebende:

• Liebste(r)	حبيبتي الغالية / حبيبي الغالي
• Liebste(r)	حبيبتي / حبيبي ونور عيني
• Meine liebe (Frau) / Mein lieber (Mann)	زوجتي العزيزة / زوجي العزيز
• Mein(e) Liebste(r)	عزيزتي / عزيزي وقرة عيني
• Liebste(r)	حبيبتي / حبيبي ومهجة فؤادي
• Geliebte	فتاة أحلامي
• Mein(e) Liebste(r)	عزيزتي / عزيزي وأمل حياتي
• Liebste(r)	حبيبة / حبيب قلبي

2. Eröffnungsformel[*]

Diese ist sowohl Bestandteil der privaten als auch der offiziellen Korrespondenz.
In der privaten Korrespondenz hat sie folgenden Wortlaut:

• Mit besten Grüßen	تحية طيبة وبعد ...
• Viele Grüße	بعد التحية ...
• Beste Grüße	أما بعد ...
• Mit besten Grüßen	تحية عطرة وبعد ...
• Viele Grüße	تحية وسلاما ...
• Glück und Segen	تحية مباركة ...
• Liebe Grüße	تحيات حارة وبعد ...
• Mit freundlichen Grüßen	بعد التحية ومزيد الإحترام
• Mit herzlichen Grüßen	تحياتي الحارة وتمنياتي الطيبة وبعد ...

---

[*] entspricht der Schlussformel in deutschen Briefen.

3. Sachverhalt

Dieser dient naturgemäß der mitzuteilenden Information und wird öfter mit folgenden Sätzen eingeleitet:

• Ich schreibe Dir in der Hoffnung, dass Dich mein Brief bei guter Gesundheit erreicht.	أكتب لك هذه الرسالة راجيا أن تصلك وأنت في صحة جيدة.
• Ich habe mich über Deinen Brief sehr gefreut.	تلقيت رسالتك في بهجة وفرح.
• Vielen Dank für Deinen Brief und Deine freundlichen Worte.	لقد وصلتني رسالتك وأشكرك شكرا جزيلا على شعورك النبيل نحوي.
• Bis heute habe ich keinen Brief von Dir erhalten. Ich hoffe, dass alles in Ordnung ist.	لم أستلم منك رسالة لحد الآن أرجو أن يكون المانع خيرا.

4. Schlusswort

Es ist in der privaten Korrespondenz standardisiert und vom Adressaten abhängig. Dazu einige Beispiele:

• Zu guter Letzt, meine besten Grüße an …	ختاما أرجو تبليغ ... تحياتي الطيبة
• Ich möchte … grüßen und alle, die uns kennen.	أرجو تبليغ سلامي لـ ... ولكل من يسأل عنا
• Grüße an Dich und Deine liebe Familie	سلامي وتحياتي لك ولأفراد عائلتك الكريمة
• Ich umarme und küsse Dich.	لك حبي وقبلاتي الحارة
• In großer Sehnsucht	لك تحياتي وأشواقي الغالية
• Ich warte sehnsüchtig auf einen Brief von Dir.	أنتظر رسالتك على أحر من الجمر
• Ich hoffe, dass wir uns weiterhin schreiben werden.	أتمنى ألا ينقطع خط المراسلة بيننا
• Für heute genug und hoffentlich bis zum nächsten Brief.	أكتفي اليوم بهذا القدر على أمل اللقاء في الرسالة القادم

• Das ist alles für heute. Ich wünsche Euch allen Glück und Gesundheit.	هذا ما كان بودي أن أقوله لك متمنيا لكم جميعا موفور الصحة والعافية
• Ich möchte Dich nicht länger langweilen.	لا أريد أن أطيل عليك

5. Unterschrift

Die meistverwendeten Eintragungen sind:

• (Aufrichtigst) / Dein(e)	المخلص / المخلصة
• Dein (Dir ewig treuer Freund)	صديقك المخلص إلى الأبد
• Deine (Dir ewig treue Freundin)	صديقتك المخلصة إلى الأبد
• Dein Liebling	حبيبتك الصادقة
• Dein (lieber Freund)	صديقك العزيز
• Deine (liebe Freundin)	صديقتك العزيزة
• Deine (liebe Frau)	زوجتك العزيزة / الوفية
• Dein (lieber Mann)	زوجك العزيز
• Bis bald	إلى اللقاء العاجل
• Bleibt gesund!	ودمتم

Gruß zum Beginn des Ramadan   تهنئة بمناسبة حلول شهر رمضان المبارك

عزيزي أحمد

رمضان كريم

يسرني جدا أن أبعث لك بمناسبة حلول شهر رمضان المبارك بأخلص التهاني وأطيب الأماني راجيا لك ليالي رمضانية سعيدة ولعائلتك الكريمة موفور الصحة والعافية.

صديقك المخلص
مارتين

Mein lieber Ahmad,

anlässlich des beginnenden Ramadans wünsche ich Dir alles Gute und fröhliche Ramadan-Nächte. Für Deine liebe Familie Wohlbefinden und gute Gesundheit!

Dein Martin

Gruß zum Fastenbrechen   تهنئة بمناسة عيد الفطر المبارك

صديقي العزيز أحمد

أطيب التهاني وأغلى الأماني بمناسبة حلول عيد الفطر المبارك.

أعاده الله علينا وعليكم بالخير والبركة وكل عام وأنت بألف خير.

صديقك المخلص
كارستن

Mein lieber Ahmad,

meine allerherzlichsten Glückwünsche zum Fest des Fastenbrechens.
Möge Gott uns allen Glück und Segen schenken.

Alles Gute!
Dein Carsten

Weihnachtsgruß   تهنئة بمناسبة حلول عيد الميلاد المجيد

عزيزي كرستوف

بمناسبة حلول أعياد الميلاد المجيدة أود أن أتقدم إليك ولعائلتك الكريمة بخالص التحيات وأطيب التمنيات والتبريكات متمنيا لكم جميعا أسعد الأوقات.

صديقك المخلص
أحمد

Mein lieber Christoph,

Dir und Deiner lieben Familie eine schöne und gesegnete Weih-
nachtszeit wünscht

Dein Ahmad

Neujahrsgruß   تهنئة بمناسبة حلول العام الجديد

صديقتي العزيزة كارين

بمناسبة حلول العام الجديد يسرني أن أبعث إليك بأغلى التهاني وأعز
الأماني راجيا من الله عز وجل أن يكون عاما سعيدا مليئا بالسرور
والأفراح وأرجو أن تتحقق كافة أمنياتك.

تمنياتي المخلصة بالنجاح والتوفيق وبموفور الصحة والعافية وكل عام
وأنت بألف خير.

صديقك المخلص
إبراهيم

Meine liebe Karin,

Neujahr steht bevor und ich grüße Dich recht herzlich. Möge es ein
gutes Jahr werden! Mögen alle Deine Wünsche in Erfüllung gehen!

Ich wünsche Dir Erfolg, Gesundheit und ein Frohes Neues Jahr.

Dein Ibrahim

Geburtstagsgruß   تهنئة بمناسبة عيد الميلاد

صديقي العزيز ميخائيل
تحية عطرة وبعد

حظا سعيدا وعمرا مديدا بمناسبة إطفائك الشمعة الخامسة والعشرين.

تهانينا القلبية وألف مبروك.

صديقك المخلص
عبد الله

Lieber Michael,

viel Glück und alles Gute zu Deinem 25. Geburtstag wünscht Dir
von Herzen

Dein Abdallah

Glückwunsch zum Uni-Abschluss   تهنئة بمناسبة التخرج من الجامعة

عزيزي فؤاد
بعد التحية

يسرني جدا أن أبعث إليك بأحلى التهاني وأغلى الأماني بمناسبة تخرجك
من الجامعة متمنيا لك الحصول على وظيفة مناسبة بأسرع وقت ممكن
وأن تدخل الحياة العملية من أوسع أبوابها.

صديقك العزيز
هانز

Lieber Fuad,

zu Deinem Universitätsabschluss gratuliere ich Dir ganz herzlich.
Ich hoffe, Du wirst bald eine gute Anstellung finden und Karriere
machen.

Dein Hans

Einladung zur Abschlussfeier   دعوة لحضور حفلة التخرج

صديقتي العزيزة كلاوديا
تحية وسلاما

يسرني أن أدعوك لحضور الحفلة التي سأقيمها بمناسبة تخرجي من الجامعة بدرجة ممتاز في مطعم حمورابي في الساعة السابعة من مساء يوم الجمعة المصادف في 8/22/... وسأكون سعيدا جدا لو كان بإمكانك تلبية دعوتي هذه.

أرجو إخباري في حالة عدم استطاعتك الحضور

صديقك العزيز
فؤاد

Liebe Claudia,

ich möchte meinen erfolgreichen Uni-Abschluss feiern und lade, Dich hiermit zu meiner Abschlussfeier am Freitag, den 22.08.... um 19.00 Uhr ins Restaurant „Hammurabi" ein. Wenn Du kommen könntest, würde ich mich sehr freuen.

Bitte gib mir Bescheid, solltest Du verhindert sein.

Dein Fuad

Glückwunsch zur Anstellung   تهنئة بمناسبة الحصول على وظيفة

عزيزي فؤاد
تحية وسلاما

لقد سمعت من أحد أصدقائنا أنك حصلت على الوظيفة التي كنت تتمناها
دائما. فلا يسعني بهذه المناسبة السعيدة إلا أن أتقدم إليك بالتهاني القلبية
المقرونة بتمنياتي الطيبة في النجاح والتوفيق وأنا متأكد من أنك سوف
تنال احترام زملائك لما أعرفه عنك من إخلاص ومثابرة.

ألف مبروك وعلى بركة الله

صديقك
ميخائيل

Lieber Fuad,

ich habe von einem unserer Freunde erfahren, dass Du Deinen
Traumjob gefunden hast. Aus diesem Anlass möchte ich Dir
gratulieren und viel Erfolg wünschen. Da ich Deine Aufrichtigkeit und
Deinen Fleiß kenne, bin ich mir sicher, dass Dich Deine Kollegen sehr
schätzen werden.

Alles Gute!
Dein Michael

Einladung zur Hochzeit

دعوة لحضور حفل زواج

عزيزي محمد
تحية طيبة وبعد

نتشرف بدعوتكم لحضور حفل زواج ابننا علي من الآنسة الكريمة
فاطمة. سوف تقام الحفلة في حدائق مطعم المنصور الكائن في شارع
الجمهورية في 7/1... في الساعة السابعة مساء وبحضوركم يكتمل
الفرح والسرور.

المخلص
أبو علي

Lieber Mohammed,

wir haben die Ehre, Euch zur Hochzeit von Ali und Fatima ganz
herzlich einzuladen. Die Hochzeitsfeier findet am 01.07.... ab 19.00
Uhr in den Gärten des Restaurants „Almansour" in der
Djumhouriya-Straße statt. Wir freuen uns auf Euch.

Dein Abu Ali

Absage einer Hochzeitseinladung   إعتذار عن قبول الدعوة لحضور حفل زواج

عزيزي أبو علي

جزيل الشكر على دعوتك الكريمة لحضور حفل زواج ابنك علي من
الآنسة الكريمة فاطمة غير أنه من المؤسف تماما أن أخبرك بعدم تمكني
من تلبية هذه الدعوة لكوني سأكون في هذه الفترة خارج البلد في مهمة
رسمية. أرجو مخلصا قبول اعتذاري متمنيا للعروسين السعيدين كل
حب وانسجام ودامت أفراحكم

المخلص
محمد

Lieber Abu Ali,

vielen Dank für Deine nette Einladung zur Hochzeit von Ali und
Fatima. Es tut mir sehr leid, Dir mitteilen zu müssen, dass ich der
Einladung nicht folgen kann, da ich mich zu dieser Zeit auf einer
Dienstreise im Ausland befinden werde.

Ich wünsche dem glücklichen Brautpaar Liebe, Harmonie und allzeit
viel Glück.

Dein Mohammad

Hochzeitsgruß   تهنئة بمناسبة الزواج

عزيزي علي

لا يسعني بمناسبة زواجكم السعيد إلا أن أتمنى لكم من كل قلبي حياة
زوجية سعيدة مليئة بالحب والإنسجام.

ألف مبروك وبالرفاء والبنين

المخلص
محمد

Lieber Ali,

zu Eurer Hochzeit wünsche ich Euch von ganzem Herzen ein glück-
liches Eheleben voller Liebe und Harmonie.

Alles Gute!

Dein Mohammed

Glückwunsch zur Geburt تهنئة بمناسبة ولادة ابن

عزيزي أحمد
تحية عطرة وبعد

فيسعدني جدا أن أبعث إليك بمناسبة ولادة ابنك محسن بخالص التهاني
القلبية راجيا من الله عز وجل أن يكتب للمولود السعيد الصحة
والمستقبل الباهر وأن يجعله من عباده الصالحين والأبناء الأبرار

المخلص
ميخائيل

Mein lieber Ahmad,

zur Geburt Deines Sohnes Muhsin gratuliere ich dir ganz herzlich.
Ich wünsche ihm Gesundheit und eine glückliche Zukunft.

Dein Michael

Urlaubseinladung   دعوة للزيارة

عزيزتي كارين
تحية عطرة

شكرا جزيلا على رسالتك الرقيقة التي استلمتها بكل فرح وسرور
ويسرني جدا أنك مواظبة على دراستك كما أهنئك من كل قلبي على
نجاحك في الإمتحان الأخير. بما أن العطلة الصيفية على الأبواب
يسرني جدا أن أدعوك لزيارتي في مصر حيث أننا سنقضي بالتأكيد
وقتا جميلا. بإمكانك تحديد موعد الزيارة حيث سأكون بانتظارك على
أحر من الجمر. أرجو الرد على جناح السرعة ليكون بإمكاني اتخاذ ما
يلزم.

تحياتي وأشواقي القلبية ولك مني ألف قبلة وقبلة

صديقك العزيز
عاصم

Meine liebe Karin,

vielen Dank für Deinen lieben Brief. Ich habe mich sehr über ihn
gefreut. Schön, dass Du im Studium so fleißig bist. Ich gratuliere Dir
von ganzem Herzen zu Deinem letzten Prüfungserfolg. Da die
Sommerferien vor der Tür stehen, würde ich Dich gern nach
Ägypten einladen. Wir werden hier sicher eine schöne Zeit
miteinander verbringen. Du kannst den Zeitpunkt Deines Besuches
selbst festlegen, ich werde sehnsüchtig auf Dich warten. Bitte
antworte so schnell wie möglich, damit ich alles Notwendige
arrangieren kann.

Liebe Grüße und tausend Küsse

Dein Asim

Absage einer Einladung   رسالة اعتذار عن عدم قبول دعوة

Mein lieber Omar,

ich fühle mich sehr geehrt, dass Du mich zu der Feier eingeladen hast, die im September stattfinden wird. Ich möchte Dir deshalb im Voraus zu diesem glücklichen Anlass alles Gute wünschen. Ich habe mich sehr darüber gefreut, dass Du unsere Freundschaft nicht vergessen hast, obwohl unser letztes Treffen in Amman schon zwei Jahre zurückliegt. Es tut mir sehr Leid, Dir mitteilen zu müssen, dass ich Deine freundliche Einladung nicht wahrnehmen kann. Ich bin an der Vorbereitung der internationalen Buchmesse in Leipzig beteiligt. Dort werde ich den Verlag repräsentieren, für den ich arbeite. Aber ich verspreche Dir, dass ich Dich bei der erstbesten Gelegenheit besuchen werde.

Ich hoffe, dass wir uns weiterhin schreiben.
Zu guter Letzt wünsche ich Dir eine schöne Feier und Deiner lieben Familie alles Gute.

Dein Fabian

Absage einer Einladung   رسالة اعتذار عن عدم قبول دعوة

صديقي العزيز عمر
تحية طيبة وبعد

فإنه لشرف كبير بالنسبة أن تدعوني لحضور حفلة ... التي ستقيمها في
شهر سبتمبر/ أيلول وأود هنا أن أقدم لك سلفا خالص التهاني وأطيب
الأماني بهذه المناسبة السعيدة. لقد فرحت كثيرا أنك لم تنس صداقتنا
رغم أن لقاءنا الأخير في عمان كان قبل أكثر من سنتين. إلا أنه يؤسفني
تماما أن أخبرك بعدم استطاعتي تلبية دعوتك الكريمة هذه لإنشغالي
بالتحضير لمعرض الكتاب الدولي في مدينة لايبزك حيث أنني سوف
أقوم بتمثيل دار النشر التي أعمل فيها ولكنني أعدك بأنني سأزورك في
أول فرصة ممكنة.

أرجو الا ينقطع خط المراسلة بيننا وختاما أتمنى لك حفلة جميلة
ولعائلتك الكريمة أطيب الأوقات وأسعدها

صديقك المخلص
فابيان

Danksagung für die Einladung شكر على الدعوة

عزيزي عاصم

لقد استلمت رسالتك وفرحت بها كثيرا وأود أن أشكرك جزيل الشكر
على دعوتك لي لزيارتك في مصر. أما بالنسبة لموعد الزيارة فلا
يمكنني التوجه إلى مصر إلا في شهر أغسطس نظرا لكثرة مشاغلي
الدراسية. أرجو أن يكون هذا الموعد مناسبا بالنسبة لك.

بانتظار ردك السريع أبعث إليك بتحياتي الحارة

صديقتك
كارين

Mein lieber Asim,

voller Freude habe ich Deinen Brief erhalten und möchte Dir für
Deine Einladung nach Ägypten ganz herzlich danken. Wegen meines
Studiums kann ich nur im August kommen. Ich hoffe, dass Dir der
Termin passt.

Auf Deine schnelle Antwort wartend, liebe Grüße

von Deiner Karin

Dankesbrief رسالة شكر

عزيزي عاصم
تحية وسلاما

يسرنى أن أخبرك بأنني وصلت إلى ألمانيا بكل سلامة وأود أن أستغل
هذه المناسبة لأعرب لك ولأفراد عائلتك الكريمة عن جزيل شكري
وامتناني على الترحيب والحفاوة وعلى كرم ضيافة عائلتك. إنني إن
أنسى فلن أنسى تلك الأوقات الجميلة التي قضيناها معا وسأكون سعيدة
جدا لو سنحت لك الفرصة لزيارتي هنا في ألمانيا حيث أن عائلتي
متشوقة جدا للتعرف إليك.

تحياتي المخلصة لعائلتك الكريمة ولك مني أحر القبلات

صديقتك
كارين

Mein lieber Asim,

nachdem ich wieder gut in Deutschland angekommen bin, möchte
ich die Gelegenheit nutzen, mich bei Dir und Deiner lieben Familie
für den herzlichen Empfang und die Gastfreundschaft zu bedanken.
Ich werde unsere gemeinsam verbrachte Zeit bestimmt nie
vergessen. Ich würde mich sehr freuen, wenn auch Du mich in
Deutschland besuchen könntest. Meine Familie würde Dich sehr
gern kennen lernen.

Ich umarme und küsse Dich
Deine Karin

Ankündigung einer Reise nach Damaskus　　　　　　　إخبار بالتوجه إلى دمشق

عزيزتي إلهام
تحية شوق وحنين وبعد

فيسرني أن أخبرك بأنني سوف أتوجه إلى دمشق في الرابع عشر من
شهر حزيران وأبقى هناك لمدة ثلاثة أسابيع. وكم سأكون سعيدا لو كان
بإمكاننا أن نلتقي خلال هذه الفترة فأنا مشتاق جدا لرؤيتك الغالية. أرجو
إخباري فيما لو كان ذلك ممكنا بالنسبة لك.

تحياتي الغالية لك ولكافة أفراد عائلتك الكريمة وإلى اللقاء العاجل
إن شاء الله

صديقك المخلص
إسكندر

Meine liebe Ilham,

stell Dir vor: am 14. Juni komme ich für drei Wochen nach
Damaskus! Wie glücklich wäre ich, wenn wir uns während dieser
Zeit treffen könnten! Ich würde Dich sehr gern wieder sehen. Sag
mir bitte Bescheid, ob das klappt.

Viele Grüße an Deine ganze Familie und bis hoffentlich bald

Dein Alexander

Beileidsbekundung   رسالة تعزية

أخي الغالي أحمد

بمزيد من الحزن والأسى تلقينا نبأ وفاة زوجتك الغالية. أسكن الله الفقيدة
فسيح جناته وألهمكم الصبر والسلوان.

وإنا لله وإنا إليها راجعون

أخوك المخلص
علي

Mein lieber Ahmad,

mit großer Trauer haben wir das Ableben Deiner teuren Frau
aufgenommen. Möge Gott sie in Sein Himmelreich aufnehmen. Wir
wünschen Euch viel Kraft.

Dein aufrichtiger Freund
Ali

Wünsche zur baldigen Genesung   تمنيات بالشفاء العاجل

عزيزي يوسف

كما علمت فقد خرجت والحمد الله من المستشفى ولكن ما زال عليك
ملازمة الفراش في البيت. أتمنى لك من كل قلبي الشفاء العاجل وأرجو
أن تحافظ على صحتك. سأزورك قريبا إن رغبت في ذلك.
مع تمنياتي الطيبة

صديقتك
كارولا

Lieber Yusuf,

wie ich soeben erfahren habe, bist Du nun endlich aus dem
Krankenhaus entlassen worden und musst aber noch zu Hause das
Bett hüten. Ich wünsche Dir von ganzem Herzen baldige Genesung.
Schone Dich! Wenn Du möchtest, komme ich Dich bald besuchen.

Alles Gute!
Deine Carola

Vokabeln   المفردات

Lernen Sie folgende Wörter bzw. Wortverbindungen in Vorbereitung auf die nachfolgenden Übungen!

etw. äußern, zum Ausdruck bringen	عبّر / يعبّر عن هـ
▶ seinen Dank ~	◀ عبّر / يعبّر عن شكره
▶ seine Freude ~	◀ عبّر / يعبّر عن فرحه / سروره / سعادته
▶ seine Meinung ~	◀ عبّر / يعبّر عن رأيه
bald, in Kürze	قريبا / عما قريب
etw. beenden, abschließen	أنهى / ينهي هـ
Bemühungen	ج جهود
▶ sich bemühen	◀ بذل / يبذل جهودا
jmdn. besuchen	زار / يزور ه
Brief	رسالة ج رسائل
▶ einen ~ erhalten	◀ إستلم / يستلم رسالة
▶ einen ~ schicken	◀ بعث / يبعث برسالة
▶ einen ~ schreiben	◀ كتب / يكتب رسالة
jmdn. zu etw. einladen	دعا / يدعو ه إلى هـ
▶ jmdn. zu einer Hochzeit ~	◀ دعاه إلى حفل زواج
Einladung	دعوة ج دعوات
▶ eine ~ an jmdn. richten	◀ وجّه / يوجه دعوة إلى ه
▶ einer ~ folgen	◀ لبّى / يلبّي ~

► eine ~ ablehnen	◄ رفض / يرفض دعوة
Einreisevisum	تأشيرة دخول
Empfang	إستقبال
► ein herzlicher ~	◄ ~ حار
jmdn. empfangen	إستقبل / يستقبل ه
etw. erhalten	إستلم / يستلم هـ
► eine Arbeit ~	◄ حصل على وظيفة
► einen Brief ~	◄ إستلم رسالة
► eine Einladung ~	◄ إستلم دعوة
Familienmitglieder	أفراد العائلة
etw. feiern	إحتفل / يحتفل بـ هـ
► einen Anlass ~	◄ إحتفل بمناسبة
Flug	رحلة جوية ج رحلات جوية
► Flug Nr.	◄ رحلة رقم
Flughafen	مطار ج مطارات
sich über etw. freuen	فرح / يفرح بـ هـ
► sich über einen Brief ~	◄ ~ برسالة
Gastfreundschaft	كرم / حسن الضيافة
Grund	سبب ج أسباب
► aus zwingenden Gründen	◄ لأسباب خارجة عن إرادتي
alles Gute	تمنياتي الطيبة
Karte	بطاقة ج بطاقات

Krankheitsfall	حالة مرضية
► aufgrund eines ~s	◄ بسبب حالة مرضية
Prüfung	إمتحان ج إمتحانات
► eine ~ ablegen	◄ قدم / يقدم امتحانا
► eine ~ bestehen	◄ نجح / ينجح في الإمتحان
► durch eine ~ fallen	◄ رسب / يرسب / فشل / يفشل في الإمتحان
► mit der Vorbereitung einer ~ beschäftigt sein	◄ مشغول بالإمتحان
reisen, verreisen	سافر / يسافر
Reise	سفرة ج سفرات
► eine ~ absagen/streichen	◄ ألغى / يلغي سفرة
► eine ~ aufschieben	◄ أجّل / يؤجّل سفرة
► eine ~ unternehmen	◄ قام / يقوم بسفرة
Schreiben	كتب / يكتب هـ
etw. suchen	بحث / يبحث عن هـ
► Arbeit ~	◄ بحث عن وظيفة
► eine Wohnung ~	◄ بحث عن سكن
sich treffen, begegnen	تقابل / يتقابل
etw. übermitteln	بلّغ / يبلّغ هـ
► jmdm. beste Grüße ~	◄ ~ تحياته الطيبة
verbringen	قضى / يقضي
► einen Urlaub ~	◄ قضى إجازة

Vorbereitung	تحضير ج تحضيرات
▶ die ~en abschließen für	◀ أنهى ~ لـ
jmdm. etw wünschen	تمنى / يتمنى له هـ
▶ einen angenehmen Aufenthalt ~	◀ ~ إقامة مريحة
▶ Erfolg ~	◀ ~ النجاح
▶ viel Erfolg ~	◀ ~ كل نجاح / النجاح والتوفيق
▶ baldige Genesung ~	◀ ~ الشفاء العاجل
▶ Gesundheit und Wohlbefinden ~	◀ ~ موفور الصحة والعافية
▶ eine gute Reise ~	◀ ~ سفرة سعيدة

| **Stereotypische Wendungen** | تعابير نمطية |

Ausdruck der Freude:

Ich habe Deinen Brief erhalten und mich sehr darüber gefreut.	وصلتني رسالتك وفرحت بها كثيرا.
Danke für Deinen Brief, den ich gestern erhalten habe.	شكرا جزيلا على رسالتك التي استلمتها أمس.
Ich freue mich, Dir diese Zeilen zu schreiben.	يسعدني أن أخط لك هذه السطور.
Ich habe Deinen Brief bereits mehrere Male gelesen.	لقد قرأت رسالتك أكثر من مرة.
Es wäre so schön, wenn wir uns in … treffen könnten.	يا حبذا لو كان بإمكاننا أن نلتقي في ...
Es freut mich, Dir zu berichten, dass …	يسعدني أن أخبرك بـ
▶ ich die Prüfung erfolgreich bestanden habe.	◀ أنني نجحت في الإمتحان.
▶ ich mein Studium erfolgreich abgeschlossen habe.	◀ أنني أنهيت دراستي بنجاح.
▶ ich am … nach … reisen werde.	◀ أنني سأسافر في ... إلى ...
▶ ich meinen Urlaub dieses Jahr in … verbringen werde.	◀ أنني سأقضي إجازتي في هذه السنة في ...
▶ ich begonnen habe, meine Dissertation zu schreiben.	◀ أنني بدأت بكتابة أطروحة الدكتوراة.
▶ ich in Kürze nach … reisen werde.	◀ أنني سأسافر عما قريب إلى ...
▶ ich Vater / Mutter geworden bin.	◀ أنني رزقت بطفل.
▶ ich gut zu Hause angekommen bin.	◀ أنني وصلت إلى أرض الوطن بسلامة.
▶ ich umziehen werde.	◀ أنني سأنتقل إلى منزل جديد.
▶ meine neue Email-Adresse wie folgt lautet …	◀ أن عنواني الإلكتروني الجديد هو ...

▶ ich kommenden Monat heiraten werde.	◀ أنني سأتزوج في الشهر القادم.
▶ ich um … Uhr mit Flug Nr. … am Flughafen von … ankommen werde.	◀ أنني سأصل إلى مطار … في الساعة … على الرحلة رقم …
Ich würde mich sehr freuen, wenn Du …	سأكون سعيدا جدا لو كان بإمكانك أن
▶ mir ein Hotelzimmer buchst.	◀ تحجز لي غرفة في فندق …
▶ für mich ein Appartement zu einem angemessen Preis findest.	◀ تبحث لي عن شقة بسعر مناسب.
▶ mir … schickst.	◀ ترسل لي …
▶ mir einen Jeep mietest.	◀ تحجز لي سيارة جيب.
▶ mich am Flughafen abholst / empfängst.	◀ تستقبلني في المطار.
▶ mich nach … begleitest.	◀ ترافقني إلى …
Wie glücklich wäre ich, wenn …	كم سأكون سعيدا لو …
Du kannst Dir nicht vorstellen, wie glücklich ich über … bin.	لايمكنك تصور مدى سعادتي ب …
Du kannst Dir nicht vorstellen, wie glücklich ich war, als …	لا يمكنك أن تتصور كم كنت سعيدا عندما …

Ausdruck des Bedauerns:

Es tut mir leid, dass ich Dir seit langem nicht geschrieben habe.	يؤسفني أنني لم أكتب إليك منذ فترة طويلة.
Es tut mir leid, Dir mitteilen zu müssen, dass ...	يؤسفني أن أخبرك بـ
▶ ich Deiner Einladung nicht folgen kann.	◀ عدم استطاعتي تلبية دعوتك.
▶ ich Dir nicht schreiben konnte.	◀ عدم استطاعتي أن أكتب لك.
▶ ich Dich in / am ... nicht treffen kann.	◀ عدم استطاعتي مقابلتك في ...
▶ ich in diesem Jahr nicht nach ... reisen werde.	◀ أنني لن أسافر في هذه السنة إلى ...
▶ die letzte Prüfung nicht bestanden habe.	◀ أنني فشلت في الإمتحان الأخير.
▶ ich bis jetzt noch keine neue Anstellung gefunden habe.	◀ أنني لم أحصل لحد الآن على وظيفة جديدة.
▶ ... verstorben ist.	◀ أن ... انتقل إلى رحمة الله.
▶ ich meine Reise nach ... abgesagt habe.	◀ أنني ألغيت رحلتي إلى ...
▶ ... sich von seiner Freundin getrennt hat.	◀ أن ... إنفصل عن صديقته.
▶ ... sich hat scheiden lassen.	◀ أن ... طلق زوجته.
▶ ... einen Verkehrsunfall hatte.	◀ أن ... تعرض لحادث مرور.
▶ ... im Krankenhaus liegt.	◀ أن ... يرقد الآن في المستشفى.

Übungen   التمارين

1. Übersetzen Sie folgenden Brief ins Arabische!

Lieber Ali,

vielen Dank für Deinen Brief, den ich gestern bekommen habe. Ich habe mich
sehr über ihn gefreut. Es tut mir Leid, Dir mitteilen zu müssen, dass ich Dich
in diesem Sommer nicht besuchen kann, da ich mit den Vorbereitungen für
meine Abschlussprüfung an der Uni beschäftigt bin. Aber wir können uns im
Herbst dieses Jahres in Dubai treffen. Schreibe mir bitte, ob es Dir möglich
ist.

In der Hoffnung auf einen baldige Antwort von Dir, grüße ich Dich und Deine
liebe Familie recht herzlich.

Dein Thomas

2. Übersetzen Sie folgenden Brief ins Deutsche!

عزيزي توماس
تحية عطرة وبعد

يسعدني جدا أن أخط لك اليوم هذه السطور لأعبر لك عن جزيل شكري وامتناني على رسالتك الرقيقة التي استلمتها يوم أمس. لقد فرحت بها كثيرا وقرأتها أكثر من مرة كما يسعدني أن أخبرك بأنني سوف أسافر في هذا الصيف إلى الأردن فيا حبذا لو كان بإمكانك أن تبحث لي عن شقة مناسبة لمدة ثلاثة أسابيع كما أود أن أخبرك بأن عنواني الإلكتروني الجديد هو ... وأود أيضا أن أخبرك بأنني حصلت على وظيفة جديدة وأننا سوف نحتفل بهذه المناسبة.

على أمل اللقاء العاجل على صفحات رسالة جديدة أتمنى لك أجمل الأوقات وأسعدها
أرجو أن تبلغ عائلتك الكريمة تحياتي الطيبة

صديقك المخلص
علي

3.   Gestützt auf das, was Sie bisher an Hand der Musterbriefe und stereotypischen Wendungen gelernt haben, formulieren Sie nun selbst einen Brief / Antwortbrief auf Arabisch an Ihre(n) Freund(in), in dem Sie

3. 1.   Ihm / ihr mitteilen, dass Sie:

- seinen / ihren Brief bekommen haben.

- sich sehr über den Brief gefreut haben.

- eine neue Arbeit gefunden haben.

- im nächsten Sommer Ihren Urlaub in … verbringen werden.

- sehr erfreut wären, wenn es möglich wäre, ihn / sie zu treffen.

- die besten Grüße an die Familie senden.

3. 2.   Ihn / sie darüber informieren, dass Sie:

- das Einreisevisum bereits bekommen haben.

- alle Reisevorbereitungen abgeschlossen haben.

- am … um … Uhr am Flughafen von … mit dem Flug Nr. … ankommen werden.

- ihn / sie bitten, Sie vom Flughafen abzuholen.

3. 3.   Sie Ihr Bedauern zum Ausdruck bringen, dass:

3. 3. 1. Sie aufgrund eines Krankheitsfalles in der Familie Ihre Reise verschieben werden.

3. 3. 2. Sie aus zwingenden Gründen Ihre Reise abgesagt haben.

3. 3. 3. er / sie die Reise wegen des Krankheitsfalles in der Familie nicht antreten kann und Sie den kranken Familienmitgliedern baldige Genesung wünschen.

3. 3. 4. Sie seiner / ihrer Einladung leider nicht folgen können, da Sie demnächst Ihr Studium im Ausland beginnen werden.

3. 4.   Ihre Freude zum Ausdruck bringen, dass er / sie Sie bald besuchen wird

3 .5.   Ihren Dank zum Ausdruck bringen für:

- den herzlichen Empfang und die Gastfreundschaft.

- die große Hilfe, die Ihnen während Ihres Aufenthaltes zuteil wurde.

- seine / ihre Bemühungen Ihnen einen angenehmen Aufenthalt zu gestalten.

4.   Richten Sie eine Einladung auf Arabisch an Ihre(n) Freund(in) anlässlich:

4. 4. 1. Ihrer Vermählung.

4. 4. 2. der Geburt Ihres Kindes.

4. 4. 3. des Einzugs in die neue Wohnung.

4. 4. 4. Ihrer neuen Arbeit.

5.   Richten Sie einen Glückwunsch auf Arabisch an Ihre(n) Freund(in) anlässlich:

5. 5. 1. des bevorstehenden Festes.

5. 5. 2. seiner / ihrer Vermählung.

5. 5. 3. der Geburt seines / ihres Kindes.

5. 5. 4. der bestandenen Prüfung.

5. 5. 5. des erfolgreichen Abschlusses des Studiums.

5. 5. 6. seiner / ihrer neuen Arbeit.

5. 5. 7. des Einzuges in die neue Wohnung.

6.   Formulieren Sie einen Brief in Arabisch an Ihre(n) Freund(in), in dem Sie Ihren bevorstehenden Besuch ankündigen.

Offizielle Korrespondenz

المراسلات الرسمية

Der Aufbau eines offiziellen Schreibens ist im Arabischen im Gegensatz zur privaten Korrespondenz weitestgehend normiert. Die meisten Schreiben dieser Art haben folgenden Aufbau:

3	1
4	
	2

5

6
7

8

9

10

11

1. **Adresse des Absenders**

Es empfiehlt sich die Adresse des Absenders in lateinischen Buchstaben zu schreiben, wenn der Absender nicht aus dem arabischen Raum stammt.

2. **Adressat**

Er wird bei arabischen Adressaten in der Regel auf Arabisch wiedergegeben.

3. **Nummer bzw. Zeichen des Schreibens**

Oft wird dem Datum der Ort vorangestellt.

4. **Datum des Schreibens**

5. **Betreff**

6. **Anrede**

Sie richtet sich nach Rang bzw. Stellung des Adressaten.

Die meistverwendeten Formen lauten:

• Sehr geehrte Damen und Herren,	إلى من يهمه الأمر
• Sehr geehrter Herr Professor,	حضرة الأستاذ الفاضل
• Verehrter Herr,	حضرة السيد ... المحترم
• Sehr geehrte Damen und Herren,	حضرات السيدات والسادة المحترمون

Die Anrede الأستاذ deutet nicht unbedingt auf den akademischen Titel Professor hin, sondern wird auch ganz allgemein für gebildete Personen verwendet.

Staatsoberhäupter und hochgestellte Persönlichkeiten werden nach festgelegten Anrede-formen angesprochen:

• (Seine) Majestät	صاحب الجلالة
• (Seine) Königliche Hoheit	صاحب السمو الملكي
• (Seine) Exzellenz (Staatspräsident)	سيادة الرئيس/ صاحب الفخامة

In einigen arabischen Staaten gilt für Staatspräsidenten auch die Anredeform
السيد الرئيس/ الأخ الرئيس. Auf regionalbezogene Formen wird in diesem Buch verzichtet:

• Herr Ministerpräsident	سيادة رئيس الوزراء / دولة رئيس الوزراء / معالي رئيس الوزراء
• Herr Minister	سيادة الوزير/ صاحب المعالي
• Herr Botschafter	سعادة السفير
• Herr Konsul	سعادة القنصل

Für religiöse Autoritäten gelten folgende Anredeformen:

• Verehrter Scheich …	... فضيلة الشيخ
• Verehrter Scheich …	... سماحة الشيخ
• Verehrter Mufti von …	... فضيلة الشيخ مفتي
• Verehrter Imam der Moschee …	... فضيلة الشيخ إمام جامع

Für christliche Würdenträger:

• Pater / Herr Pfarrer …	... حضرة الأب الفاضل
• Eminenz …	... صاحب الغبطة
• Kardinal / Eminenz…	... صاحب النيافة
• Heiliger Vater …	... صاحب القداسة

7. Eröffnungsformel[*]

Sie ist bei normalem behördlichen Schriftverkehr unüblich, manchmal aber auch:

• Mit freundlichen Grüßen	بعد التحية ومزيد الإحترام
• Mit freundlichem Gruß	تحية واحتراما

Bei hochgestellten Persönlichkeiten lautet die Eröffnungsformel:

• Hochachtungsvoll	سيادتكم
• ~	سعادتكم

---

[*] entspricht der Schlussformel in deutschen Briefen.

Bei religiösen Würdenträgern:

Ehrenwerter / Verehrter Herr …	فضيلتكم
~	سماحتكم

8. Sachverhalt

9. Schlussformel

Die meistverwendeten Formeln lauten:

• Mit freundlichen Grüßen / Hochachtungsvoll (bei hochgestellten Persönlichkeiten)	مع فائق التقدير والإحترام
• Mit freundlichen Grüßen / Mit vorzüglicher Hochachtung (bei besonders hochgestellten Persönlichkeiten)	ختاما تقبلوا فائق التقدير والإحترام

10. Unterschrift

Unter dem Namen steht oft die Amtsbezeichnung.

أحمد حسن
المدير العام

11. Verteiler   نسخة منه إلى

• Verkaufsleiter / Das Notwendige ist zu veranlassen.	مدير المبيعات / لإجراء اللازم
• Buchhaltung / Zur Kenntnisnahme	قسم الحسابات / للعلم رجاء

oder

11. Anbei, z. B.:   المرفقات:

• Abschlusszeugnis der Universität	الشهادة الجامعية
• Lichtbilder (Anzahl 2)	صور شمسية عدد 2
• Referenzen	شهادات الممارسة والكفاءة

Offizielle Einladung   دعوة رسمية

القاهرة بتاريخ: 7/4/...   الدكتور عبد اللطيف محمود
شارع الجمهورية
القاهرة ـ جمهورية مصر العربية

السيد الأستاذ محمد عبدالله
شارع الشهداء
القاهرة ـ جمهورية مصر العربية

Sehr geehrter Herr Professor Abdallah,

meine Gattin und ich haben die Ehre, Sie zu einem Diner einzuladen anlässlich der Verleihung der Doktorwürde an unseren Sohn Asim durch die Universität Leipzig und seiner erfolgreichen Rückkehr in die Heimat. Die Feier wird am Freitag, den 25. dieses Monats um 19.00 Uhr bei uns zu Hause im Stadtviertel Al-Muhandisin stattfinden.

Mit freundlichem Gruß

Abdullatif Mahmud

Offizielle Einladung   دعوة رسمية

الدكتور عبد اللطيف محمود   القاهرة بتاريخ: 4/7/...
شارع الجمهورية
القاهرة ـ جمهورية مصر العربية

السيد الأستاذ محمد عبدالله
شارع الشهداء
القاهرة ـ جمهورية مصر العربية

حضرة الأستاذ محمد عبد الله الحمترم

يتشرف عبد اللطيف محمود وعقيلته بدعوتكم لحضور مأدبة عشاء بمناسبة عودة ابننا عصام إلى أرض الوطن بعد نيله شهادة الدكتوراه من جامعة لاييزك. ستقام الحفلة في منزلنا بحي المهندسين في الساعة السابعة مساء من يوم الجمعة الموافق في الخامس والعشرين من هذا الشهر.

مع فائق التقدير والإحترام

المخلص
عبد اللطيف محمود

Zusage einer Einladung

قبول دعوة

القاهرة بتاريخ: 9/4/... الأستاذ محمد عبدالله
شارع الشهداء
القاهرة ـ جمهورية مصر العربية

السيد الدكتور عبد اللطيف محمود
شارع الجمهورية
القاهرة ـ جمهورية مصر العربية

Sehr geehrter Herr Doktor Mahmud, verehrte Frau Mahmud,

ich fühle mich geehrt, Ihrer Einladung zum Diner zu folgen, das am 25. dieses Monats anlässlich der Rückkehr Ihres lieben Sohnes Asim nach dem Erhalt seines Doktortitels stattfinden wird.

Mit freundlichem Gruß

Mohammed Abdallah

Zusage einer Einladung   قبول دعوة

الأستاذ محمد عبدالله   القاهرة بتاريخ: 9/4/...
شارع الشهداء
القاهرة ـ جمهورية مصر العربية

السيد الدكتور عبد اللطيف محمود
شارع الجمهورية
القاهرة ـ جمهورية مصر العربية

حضرة الدكتور عبد اللطيف محمود وعقيلته المحترمان

أتشرف بقبول دعوتكما لنا لحضور مأدبة العشاء التي ستقام بمناسبة عودة ابنكما
العزيز عاصم من الخارج بعد نيله شهادة الدكتوراه.

مع فائق التقدير والإحترام

المخلص
محمد عبد الله

Offizielle Einladung   دعوة رسمية

Botschaft der Bundesrepublik Deutschland   09. Mai

وزارة خارجية جمهورية ...

Seine Exzellenz Herr Außenminister,

die Botschaft ... übermittelt dem Außenministerium der Republik ... seine herzlichsten Grüße und erlaubt sich, Sie zu einem Cocktail zu Ehren des Herrn Generalkonsul ... anlässlich seines Amtsantrittes / des Endes seiner Amtszeit einzuladen. Die Feierlichkeit findet in den Gärten der Botschaft am Freitag, den..., um 20.00 Uhr statt.

Botschafter der Bundesrepublik Deutschland

Offizielle Einladung   دعوة رسمية

سفارة جمهورية ألمانيا الإتحادية   التاريخ: 5/9/...

وزارة خارجية جمهورية ...

سعادة وزير خارجية ...

تهدي سفارة ألمانيا الإتحادية وزارة خارجية جمهورية ... أجمل تحياتها وتتشرف بدعوتكم لحضور حفل كوكتيل يقام على حدائق دار السفارة على شرف القنصل العام السيد ... بمناسبة استلام مهام منصبه الجديد / انتهاء مهام عمله.

سفير جمهورية ألمانيا الإتحادية

Anfrage Studienvoraussetzungen   إستفسار عن شروط الدراسة

Michael Schulz   Leipzig, den 05. April
Leipzig – Germany

Ain-Schams-Universität
Kairo – Egypt

Anfrage Zulassungsvoraussetzungen Studium

Sehr geehrte Damen und Herren,

mein Name ist Michael Schulz. Ich studiere gegenwärtig am Orientalischen
Institut der Universität Leipzig – Deutschland im fünften Fachsemester. Für den
Zeitraum eines Fachsemesters beabsichtige ich mich an Ihrer Universität
einzuschreiben, um meine Kenntnisse im Arabischen zu verbessern und die
arabische Kultur vor Ort kennen zu lernen. Deshalb wäre ich Ihnen sehr
dankbar, wenn Sie mir freundlicherweise detaillierte Informationen über die
Zulassungsvoraussetzungen und Studiengebühren an Ihrer Universität
zukommen ließen. Könnte mir die Universität bei der Suche nach einer
Unterkunft helfen?

Ich danke Ihnen im Voraus für Ihre Bemühungen.

Mit freundlichen Grüßen
Michael Schulz

Anfrage Studienvoraussetzungen   إستفسار عن شروط الدراسة

لاييزك بتاريخ: .../4/5   Michael Schulz
Leipzig – Germany

جامعة عين شمس ـ القاهرة
جمهورية مصر العربية
Egypt

الموضوع / إستفسار عن شروط الدراسة

حضرات السيدات والسادة الأفاضل
بعد التحية ومزيد الإحترام

أنا الموقع أدناه ميخائيل شولز (M. Schulz) أدرس حاليا في معهد الدراسات الشرقية بجامعة لاييزك ـ ألمانيا في الفصل الدراسي الخامس.
في نيتي الإلتحاق بجامعتكم لمدة فصل دراسي واحد بغية تحسين معارفي في اللغة العربية والتعرف عن كثب على الحضارة العربية. لذا سأكون شاكرا لو كان بإمكانكم أن ترسلوا لي معلومات مفصلة عن شروط الدراسة في جامعتكم وعن رسوم الدراسة وعما إذا كان بمقدور الجامعة مساعدتي في الحصول على سكن مناسب.

أشكركم سلفا على جهودكم

مع فائق التقدير والإحترام

M. Schulz

Anfrage zwecks   إستفسار
Aufenthalts- und Arbeitserlaubnis   عن شروط الحصول على ترخيص الإقامة والعمل

Robert Schulz   Leipzig, den 05. Februar
Leipzig – Deutschland

Seine Exzellenz
Botschafter der VAE
Botschaft VAE
Berlin

Anfrage zwecks Aufenthalts- und Arbeitserlaubnis

Sehr geehrter Herr Botschafter,

mein Name ist Robert Schulz, ich bin deutscher Staatsangehöriger, geboren
1985. Meinen Magister habe ich an der Universität Leipzig – Deutschland im
Studienfach Wirtschaft abgeschlossen und beherrsche sowohl die arabische als
auch die englische Sprache. Ich beabsichtige in die VAE zu reisen, um dort zu
leben und zu arbeiten. Aus diesem Grunde, wende ich mich an Sie, mit der
Bitte, mich über die Bedingungen einer Aufenthalts- und Arbeitserlaubnis und
über anderes Notwendige in dieser Angelegenheit zu informieren.

Über eine Antwort an die oben genannte Adresse wäre ich sehr erfreut.

Hochachtungsvoll
Robert Schulz

Anfrage zwecks   إستفسار
Aufenthalts- und Arbeitserlaubnis   عن شروط الحصول على ترخيص الإقامة والعمل

لاييزك بتاريخ 5/2/...   Robert Schulz
                                     Leipzig – Deutschland

                                     Botschaft der VAE – Berlin

الموضوع / إستفسار عن شروط الحصول على ترخيص الإقامة والعمل

سعادة السفير المحترم
سعادتكم

أنا الموقع أدناه روبرت شولز (R. Schulz) ألماني الجنسية ومن مواليد عام 1985 وحاصل على شهادة الماجستير في الإقتصاد من جامعة لاييزك ـ ألمانيا وأجيد اللغتين العربية والإنجليزية أنوي السفر إلى دولة الإمارات العربية المتحدة بغية الإقامة والعمل هناك. لذا أتوجه لسعادتكم مستفسرا عن شروط الحصول على تصريح الإقامة والعمل والإجراءات اللازمة الأخرى بهذا الصدد. سأكون سعيدا جدا لو تكرمتكم بالرد على العنوان المذكور أعلاه.

ختاما تقبلوا فائق التقدير والإحترام

Robert Schulz

Anfrage Nachschlagewerke / Quellen   إستفسار عن مراجع

Sara Meier   Leipzig, den 07. Februar
Leipzig – Germany

Bibliothek Kairo-Universität
Kairo – Egypt

Anfrage Nachschlagewerke/Quellen

Sehr geehrter Herr Direktor,

ich heiße Sara Meier und studiere am Orientalischen Institut der Universität
Leipzig – Deutschland. Ich bin dabei, meine Magisterarbeit über die Theater-
szene in Ägypten zwischen dem Ersten und Zweiten Weltkrieg zu schreiben.
Bevor ich nach Ägypten reise, möchte ich mich erkundigen, ob es bei Ihnen
einige Nachschlagewerke und Quellen gibt, die dieses Thema behandeln? Ist es
möglich, dass ich mir die Bücher ausleihe oder eine Kopie von ihnen anfertige?

Über eine Antwort wäre ich sehr erfreut.

Mit freundlichen Grüßen
Sara Meier

Anfrage Nachschlagewerke / Quellen إستفسار عن مراجع

درسدن بتاريخ 7/2/...   Sara Meier
Leipzig – Germany

مكتبة جامعة القاهرة
القاهرة ـ جمهورية مصر العربية
Egypt

الموضوع / إستفسار عن مراجع

حضرة الأستاذ أمين مكتبة جامعة القاهرة المحترم
تحية واحتراما

إسمي ساره ماير (Sara Meier) طالبة في معهد الدراسات الشرقية بجامعة لايبزك
ـ ألمانيا. أنا الآن بصدد إعداد أطروحة الماجستير عن الحركة المسرحية في
مصر ما بين الحربين العالميتين الأولى والثانية يسعدني أن أتقدم لجنابكم الكريم
مستفسرة ـ قبل أن أتوجه إلى مصر ـ عما إذا كان هناك بعض المراجع
والمصادر التي تتناول هذا الموضوع متوفرة في مكتبتكم وعما إذا كان بإمكاني
استعارتها أو نسخها. سأكون شاكرة جدا لو تفضلتم بالرد

ولكم فائق التقدير والإحترام

ساره ماير

Buchbestellung   حجز كتاب

Walid Ahmad   Frankfurt, den 09. März
Frankfurt – Germany

Ibn-Khaldun-Buchhandlung
Al-Najma Al-Hamra Platz
Beirut – Lebanon

Buchbestellung

Sehr geehrte Damen und Herren,

kürzlich habe ich von der Veröffentlichung eines neuen Buches von … mit dem
Titel „Die philosophischen Aspekte in der Dichtung von Al-Rusafi" erfahren.
Deshalb möchte ich Sie bitten, mir zwei Exemplare zu schicken. Die Bezahlung
kann per Nachnahme oder Überweisung erfolgen.

Ich danke Ihnen im Voraus für Ihre Bemühungen.

Mit freundlichen Grüßen

Walid Ahmad

Buchbestellung   حجز كتاب

Walid Ahmad
Frankfurt - Germany

فرانكفورت بتاريخ 9/3/...

مكتبة ابن خلدون
ساحة النجمة الحمراء
بيروت ـ لبنان
Lebanon

الموضوع / حجز كتاب

حضرات السيدات والسادة الأكارم
بعد التحية

لقد علمت مؤخرا بصدور كتاب جديد بعنوان "الجوانب الفلسفية في شعر الرصافي" بقلم الأستاذ ... لذا أرجو التفضل بإرسال نسختين من الكتاب على أن يتم تسديد الحساب إما عن طريق الدفع عند التسليم أو عن طريق حوالة مصرفية. أشكركم سلفا على جهودكم

مع فائق التقدير والإحترام

وليد أحمد

Vorladung durch das Polizeipräsidium　　　　إستدعاء للحضور إلى مركز الشرطة

التاريخ: 7/6/...　　　　　　　　　　　مركز شرطة الحي الجديد
الحي الجديد ـ دمشق

السيد كارل هاينس مولر (Karl-Heinz Müller)
شارع الأمراء
رقم العمارة ٧١ الطابق رقم ٥

Aktenzeichen: 6714

Vorladung

Sehr geehrter Herr Müller,

es wurde festgestellt, dass Sie als Fahrzeugführer des Autos, Marke Opel, amtliches Kennzeichen: DL-NA 65, am gestrigen Abend um 18.00 Uhr auf der Al-Hamra - Straße in einen Verkehrsunfall verwickelt waren.

Aus diesem Grund werden Sie am 15. dieses Monats um 9.00 Uhr ins Polizeipräsidium vorgeladen.

Hiermit möchten wir Sie darüber in Kenntnis setzen, dass Sie das Recht haben, in dieser Angelegenheit einen Anwalt zu bestellen.
Sollten Sie nicht erscheinen, machen Sie sich strafbar.

Ahmad Ali

Polizeidirektor des Reviers Al-Hayy Al-Djadid

Vorladung durch das Polizeipräsidium   إستدعاء للحضور إلى مركز الشرطة

رقم الملف: 6714	مركز شرطة الحي الجديد
التاريخ: 6/7/...	الحي الجديد ـ دمشق

السيد كارل هاينس مولر (Karl-Heinz Müller)
شارع الأمراء
رقم العمارة ٧١ الطابق رقم ٥

الموضوع / إستدعاء

حضرة السيد كارل هاينتس مولر

لقد ثبت تورطك في التسبب في حادث مرور عند قيادتك لسيارة من طراز أوبل ورقمها DL-NA 65 في شارع الحمراء في الساعة السادسة من مساء الأمس. لذا توجب استدعاؤك للحضور إلى مركز الشرطة في الخامس عشر من هذا الشهر في الساعة التاسعة صباحا للإدلاء بإفادتك حول الحادث. ونود هنا أن نخبرك بأنه حقك توكيل محام في القضية. وفي حالة عدم حضورك ستعرض نفسك للملاحقة القانونية.

أحمد علي
مأمور مركز شرطة الحي الجديد

Vorladung zur Gerichtsverhandlung   إستدعاء لحضور جلسة المحاكمة

دمشق بتاريخ: 7/9/...   المحكمة الإبتدائية
شارع الحمراء ـ دمشق

السيدة سوزان ألبرت (Susan Albert)
شارع الأمراء
رقم العمارة 71 الطابق رقم 5

Aktenzeichen: 6714

Vorladung zur Gerichtsverhandlung

Sehr geehrte Frau Albert,

da Ihr Name auf der Zeugenliste in der Angelegenheit eines Verkehrsunfalles aufgeführt wird, ist es erforderlich, dass Sie am 19.07. vor Gericht erscheinen, um Ihre Aussage zu machen.

Sollten Sie verhindert sein, melden Sie sich bitte telefonisch bei der Geschäftsstelle des Gerichts unter der Rufnummer: 198742.

Gez.

Richter am Amtsgericht

Vorladung zur Gerichtsverhandlung إستدعاء لحضور جلسة المحاكمة

رقم الملف: 6714   المحكمة الإبتدائية

دمشق بتاريخ: 7/9/...   شارع الحمراء ـ دمشق

السيدة سوزان ألبرت (Susan Albert)

شارع الأمراء

رقم العمارة 71 الطابق رقم 5

الموضوع / إستدعاء لحضور جلسة المحاكمة

حضرة السيدة سوزان ألبرت

نظرا لورود اسمك في قائمة الشهود في قضية حادث مرور توجب استدعاؤك للمثول أمام المحكمة في التاسع عشر من الشهر الجاري في الساعة العاشرة صباحا للإدلاء بشهادتك أمام المحكمة وفي حالة تعذر حضورك يرجى الإتصال بقلم المحكمة على الرقم 198742.

موقع / حاكم المحكمة الإبتدائية

Stellenanzeige   إعلان عن وظيفة شاغرة

Import&Export Deutschland

Stellenanzeige

Import&Export Deutschland Zweigstelle Dubai sucht einen Verwaltungs-
direktor. Diejenigen, die den unten genannten Anforderungen genügen, werden
gebeten, Bewerbungen an den Sitz der Firma in der Bagdad-Straße 52 bis
spätestens 12.05. zu senden.

Anforderungsprofil

- Wirtschafts-Bachelor oder gleichwertiger Abschluss

- Alter: max. 30 Jahre

- mindestens 5 Jahre Berufserfahrung

- gute Deutschkenntnisse

Stellenanzeige إعلان عن وظيفة شاغرة

شركة التصدير والإستيراد الألمانية

وظيفة شاغرة

تعلن شركة التصدير والإستيراد الألمانية ـ فرع دبي ـ عن حاجتها إلى خدمات مدير إرادي. فعلى من تتوفر فيهم الشروط المدرجة أدناه تقديم طلباتهم إلى مقر الشركة الكائن في شارع بغداد رقم 52 حتى موعد أقصاه 5/12/ ...

الشروط

ـ أن يكون المتقدم حائزا على شهادة البكالوريوس في الإقتصاد أو ما يعادلها

ـ ألا يزيد عمر المتقدم عن 30 سنة

ـ ان يكون للمتقدم ممارسة عملية لا تقل عن 5 سنوات

ـ يفضل من يجيد اللغة الألمانية

Bewerbung تقديم طلب لإشغال وظيفة شاغرة

دبي بتاريخ 3/5/...   هانز ماير(Hans Meyer)
شارع الرياض
رقم الدار 91
دبي

شركة التصدير والإستيراد الألمانية
شارع بغداد ـ رقم 52
دبي

Bewerbung

Sehr geehrte Damen und Herren,

bezugnehmend auf Ihre Anzeige in der Zeitung Al-Bilad, Ausgabe vom 02.05.
..., Seite 6, möchte ich mich, um die ausgeschriebene Stelle bewerben. Ich
verfüge über siebenjährige Erfahrungen im Bereich Verwaltung und
Management und beherrsche Englisch und Arabisch, darüber hinaus Deutsch als
Muttersprache. Des Weiteren besitze ich einen Magisterabschluss im Bereich
Wirtschaft, den ich an der Universität Leipzig – Deutschland erworben habe.
Ferner verfüge ich über solide Kenntnisse in der Handelskorrespondenz in den
Sprachen Englisch und Deutsch.

Aus diesem Grunde bin ich mir meiner Qualifizierung für diese Stelle sicher.
Ich würde gern alle meine Erfahrungen und Kenntnisse zur Steigerung des
wirtschaftlichen Erfolges des Unternehmens einsetzen.

Mit freundlichen Grüßen

Hans Meyer

Anlagen:
Magisterzeugnis
Referenzen
2 Lichtbilder
Lebenslauf

تقديم طلب لإشغال وظيفة شاغرة **Bewerbung**

هانز ماير(Hans Meyer) دبي بتاريخ 3/5/...
شارع الرياض
رقم الدار 91
دبي

شركة التصدير والإستيراد الألمانية
شارع بغداد ـ رقم 52
دبي

الموضوع / طلب إشغال وظيفة شاغرة

السادة شركة التصدير والإستيراد الألمانية المحترمون

إستنادا إلى إعلانكم المنشور في جريدة البلاد بعددها الصادر في 2/5/... وعلى الصفحة السادسة يسرني جدا أن أتقدم بطلبي هذا لإشغال الوظيفة المعلن عنها. فنظرا لما اكتسبته من خبرات عملية في مجال الإدارة وإدارة الأعمال على مدى سبع سنوات ولإجادتي للغتين الإنجليزية والعربية علاوة على اللغة الألمانية كلغة أم وحيازتي على شهادة الماجستير في الإقتصاد من جامعة لايبزك ـ ألمانيا إضافة إلى كفائتي في تحرير الرسائل التجارية باللغتين الإنجليزية والألمانية فأنا متأكد تماما من أن لدي كامل الأهلية لإشغال هذه الوظيفة. حيث أنني سأكرس كل ما أوتيت به من خبرة ومعرفة للإسهام في رفع النشاط التجاري للشركة وتوسيعه.

هانز ماير

المرفقات:
ـ شهادة الماجستير في الإقتصاد
ـ شهادات الكفاءة والممارسة العملية
ـ صورة شخصية عدد 2
ـ سيرة ذاتية

Einladung zum persönlichen Vorstellungsgespräch　　　دعوة لإجراء مقابلة شخصية

التاريخ: 20/5/...　　　شركة التصدير والإستيراد الألمانية
شارع بغداد ـ رقم 52
دبي

(Hans Meyer) هانز ماير
شارع الرياض
رقم الدار 91
دبي

Referenznummer: 451

Einladung zum persönlichen Vorstellungsgespräch

Sehr geehrter Herr Meyer,

wir bestätigen Ihnen den Eingang Ihrer Bewerbung um die Stelle des Verwaltungsdirektors und danken Ihnen für Ihre Bereitschaft für unser Unternehmen tätig zu werden. Nach Durchsicht Ihrer Bewerbungsunterlagen freuen wir uns, Sie zu einem persönlichen Gespräch im Firmensitz einzuladen. Das Vorstellungsgespräch findet am 13. dieses Monats um 9.00 Uhr statt. Sollten Sie nicht in der Lage sein, zu diesem Termin zu erscheinen, bitten wir Sie, uns telefonisch unter der Rufnummer 512349 zu kontaktieren.

Ahmad Saleem

Leiter der Personalabteilung

Einladung zum persönlichen Vorstellungsgespräch   دعوة لإجراء مقابلة شخصية

العدد: 451	شركة التصدير والإستيراد الألمانية
التاريخ: 20/5/...	شارع بغداد ـ رقم 52
	دبي

هانز ماير (Hans Meyer)
شارع الرياض
رقم الدار 91
دبي

الموضوع / مقابلة شخصية

حضرة السيد هانز ماير المحترم

نؤيد لكم بذا استلام طلبكم بصدد إشغال وظيفة المدير الإداري الشاغرة.
نشكركم على استعدادكم للعمل في شركتنا وبعد دراسة طلبكم يسعدنا جدا أن
ندعوكم لإجراء مقابلة شخصية في مقر الشركة وذلك في الثالث عشر من هذا
الشهر في الساعة التاسعة صباحا. وفي حالة عدم تمكنكم من الحضور في هذا
الموعد يرجى الإتصال بنا تلفونيا على الرقم 512349.

أحمد سليم
مدير شؤون الموظفين

Bestätigungsschreiben   كتاب تأييد

التاريخ: 7/8/...   جامعة الحكمة
                                        معهد تعليم اللغة العربية لغير الناطقين بها
                                                مكتب المدير

Referenznummer: 97

Bestätigungsschreiben

Sehr geehrte Damen und Herren,

wir bestätigen, dass Herr Holger Hoffmann, geboren am 01.07. ... in Leipzig
(Deutschland), vom 15.06. bis zum 20.07. ... am Sommerkurs für Arabisch als
Fremdsprache teilgenommen hat. Er zeichnete sich während der gesamten Zeit
des Kurses durch Eifer und Engagement aus. Die Kursteilnehmer brachten ihm
ihre Wertschätzung und Anerkennung entgegen.

Auf seinen Wunsch haben wir ihm dieses Schreiben mitgegeben.

Ahmad Said
Direktor

Bestätigungsschreiben

كتاب تأييد

جامعة الحكمة   العدد: 97

معهد تعليم اللغة العربية لغير الناطقين بها   التاريخ: 8/7/...

مكتب المدير

الموضوع / تأييد

إلى من يهمه الأمر

نؤيد لكم بذا أن المدعو هولجر هوفمان (Holger Hoffmann) المولود بتأريخ 7/1
/... في مدينة لاييزك بألمانيا قد شارك في الدورة الصيفية لتعليم اللغة العربية لغير
الناطقين بها وذلك إبتداء من 6/15/ إلى 7/20/... وقد اتسم طوال فترة الدورة
بالمثابرة والإجتهاد وكان محط إحترام وتقدير المشاركين في الدورة.
وبناء على طلبه زودناه بهذا الكتاب.

أحمد سعيد
المدير

Vokabeln   المفردات

Lernen Sie folgende Wortverbindungen in Vorbereitung auf die nachfolgenden Übungen!

Anfrage, Erkundigung	إستفسار
Antrag	طلب ج طلبات
▶ einen ~ ablehnen	◀ رفض / يرفض طلبا
▶ über einen ~ entscheiden	◀ بت / يبت في طلب
▶ einem ~ stattgeben	◀ وافق / يوافق على طلب
▶ einen ~ stellen	◀ قدم / يقدم طلبا
Behörde	دائرة حكومية ج دوائر حكومية
Bestätigungsschreiben	كتاب تأييد
▶ ein ~ vorlegen	◀ قدم ~
jmdn. höflich um … bitten	رجا / يرجو التكرم ب ...
▶ ~ um Zustimmung für … bitten	◀ ~ الموافقة على ...
Buchhandlung	مكتبة ج مكتبات
Büro	مكتب ج مكاتب
▶ ein ~ eröffnen	◀ فتح / يفتح مكتبا
Container	حاوية ج حاويات
▶ Umzugs~	◀ ~ انتقال
Danke im Voraus	شكرا سلفا
Dolmetscherbüro, Übersetzerbüro	مكتب ترجمة
etw. erfragen	إستفسر / يستفسر عن هـ

sich über etw. erkundigen	إستفسر / يستفسر عن
Erlaubnis, Lizenz	ترخيص ج تراخيص
▶ Arbeits~	~ عمل
▶ Aufenthalts~	~ إقامة
Erteilen	منح / يمنح هـ
▶ eine Genehmigung ~	~ ترخيصا ◀
Gastprofessor	أستاذ زائر ج أساتذة زائرون
Gelegenheit	فرصة
▶ bei nächster ~	في أقرب فرصة تناسبكم ◀
Handelsfirma	شركة تجارية ج شركات تجارية
Handelsregister	السجل التجاري
Ministerium	وزارة
▶ Handels~	~ التجارة ◀
▶ Hochschul~	~ التعليم العالي ◀
Modegeschäft	مخزن أزياء
Reisebüro	مكتب سفر ج مكاتب سفر
Restaurant	مطعم ج مطاعم
Spediteur	وكيل شحن ج وكلاء شحن
jmdn. etw. übertragen, beauftragen	أوكل / يوكل هـ إلى ه
Verlängerung	تمديد
Vorgang	معاملة ج معاملات
▶ einen ~ aufnehmen	~ سجّل ◀

▶ über einen ~ entscheiden	◀ بت / يبت في ~
Zeugnis, Urkunde	شهادة ج شهادات
▶ die notwendigen ~se und Papiere vorlegen	◀ قدم الشهادات والأوراق اللازمة
Zolldirektion	مديرية الجمارك
Zustimmung, Genehmigung	موافقة
▶ eine ~ einholen	◀ إستحصل / يستحصل موافقة

Stereotypische Wendungen   تعابير نمطية

Dankend haben wir Ihr Schreiben vom … erhalten.	إستلمنا شاكرين رسالتكم المؤرخة في …
Bezugnehmend auf Ihre Antwort vom …	عطفا على ردكم المؤرخ في …
Mit Bezug auf Ihr Schreiben Nr.: …	بالإشارة إلى رسالتكم ذي الرقم …
Bezugnehmend auf Ihr Schreiben vom …	إستنادا إلى رسالتكم المؤرخة في …
Bezugnehmend auf Ihre Anzeige in …	بناء على إعلانكم المنشور في …
Es freut uns, Ihnen mitteilen zu können, dass …	يسعدنا إخباركم بأن …
Es tut uns Leid, Ihnen mitteilen zu müssen, dass …	يؤسفنا أن نحيطكم علما بأن …
Wir bestätigen Ihnen hiermit den Eingang Ihres Schreibens …	نؤيد بذا استلام رسالتكم …
Es freut uns, Sie darüber in Kenntnis setzen zu können, dass …	يسرنا أن نحيطكم علما بأن …
In Beantwortung Ihres Schreibens vom …	ردا على رسالتكم المؤرخة في …
In Beantwortung Ihrer Anfrage vom …	ردا على استفساركم الموجه إلينا بتاريخ …
Wir möchten Sie darüber in Kenntnis setzen, dass …	نود أن نحيطكم علما بـ
▶ über Ihren Antrag innerhalb dieser Woche entschieden wird	◀ أنه سيتم البت في طلبكم في بحر هذا الأسبوع
▶ Ihr Antrag geprüft wird	◀ أن طلبكم قيد الدراسة
Wir müssen Sie darauf hinweisen, dass …	لابد لنا من الإشارة إلى أن …
Wir haben soeben erfahren, dass …	لقد علمنا توا أن …
Wir möchten Sie darauf aufmerksam machen, dass …	نسترعي انتباهكم إلى أن …
Wir müssen Sie darauf hinweisen, dass …	نلفت انتباهكم إلى أن …

Übungen التمارين

1. Übersetzen Sie folgenden Brief ins Arabische!

Einfuhr Umzugscontainer aus Deutschland

Sehr geehrte Damen und Herren,

ich werde in den nächsten zwei Jahren als Gastprofessor an der Universität Damaskus arbeiten und mit meiner Familie einreisen. Deshalb habe ich einen syrischen Spediteur damit beauftragt, Möbel von Deutschland nach Latakia zu überführen. Es handelt sich hierbei um zwei Container.

Von der Universität Damaskus habe ich bereits erfahren, dass für die Einfuhr ein Bestätigungsschreiben des Hochschulministeriums vorgelegt und die Zustimmung des Handelsministeriums eingeholt werden müsse. Aus diesem Grunde wende ich mich an Sie, um die für die Einfuhr notwendigen Papiere und Genehmigungen zu erfragen.

Mit freundlichen Grüßen

Axel Möbius

2. Übersetzen Sie folgenden Brief ins Deutsche!

الموضوع / إستفسار

حضرات السيدات والسادة المحترمون

لقد سبق لي وأن تقدمت بتأريخ .../19/1 إلى دائرتكم بطلب للموافقة على فتح مكتب للترجمة بإسم "المكتب العصري للترجمة والنشر" وتم تسجيل معاملتي لدى دائرتكم تحت رقم 190 ومع أني قدمت في حينه كافة الشهادات والأوراق اللازمة لم أستلم منكم لغاية هذا التأريخ أي رد. لذا أرجو مرة أخرى التكرم بالبت في معاملتي في أقرب فرصة تناسبكم وشكرا سلفا.

مع فائق التقدير والإحترام

عبد الحكيم ماهر

---

3. Übersetzen Sie folgenden Antrag ins Arabische!

Sehr geehrter Herr Direktor ,

bezugnehmend auf mein Gespräch vom 07.09. mit Ihrem Büroleiter Herrn Ahmad Ali stelle ich hiermit den Antrag auf Eröffnung eines Architekurbüros in der Riad-Straße 29. Anbei die notwendigen Papiere.

Mit freundlichen Grüßen

Robert Schulz

Anlagen:
2 Lichtbilder
1 tabellarischer Lebenslauf
1 beglaubigte Kopie des Architektur-Diplom-Zeugnisses
5 Referenzen

3.   Formulieren Sie auf Arabisch einen formlosen Antrag, bei der jeweiligen zuständigen Behörde, auf

3.1.   Erteilung einer Genehmigung zur Eröffnung eines/einer:

- Modegeschäftes.

- Reisebüros.

- Handelsfirma.

- Buchhandlung.

- Dolmetscherbüros.

- Restaurants.

3. 2.   Verlängerung Ihrer Aufenthaltserlaubnis.

3. 3.   Erteilung einer Arbeitserlaubnis.

3. 4.   Verlängerung Ihrer Arbeitserlaubnis.

Handelskorrespondenz المراسلات التجارية

Da der Aufbau eines Handelsbriefes dem Aufbau eines offiziellen Briefes ähnelt (s. S. 36), wird an dieser Stelle auf eine schematische Darstellung verzichtet.

Anfragen (allgemein) إستفسارات (عامة)

Anfrage bei der Handelskammer   78[*] إستفسار لدى غرفة التجارة

Dent Nova GmbH   Leipzig, den 07. Mai
Leipzig – Postfach …
Germany

Irakische Handelskammer
Bagdad – Postfach …
Iraq

Referenznummer: 500

Sehr geehrte Damen und Herren,

wir sind eine der führenden Firmen, die auf Herstellung und Export von Zahnmedizintechnik spezialisiert sind, und verfügen über herausragende Erfahrungen auf diesem Gebiet. Unsere Firma wurde vor mehr als 50 Jahren gegründet. Gegenwärtig exportieren wir unsere Produkte in mehr als 30 Länder. Anbei eine Liste unserer breiten Produktpalette.

Wir wären sehr erfreut, wenn Sie uns Namen und Adressen von Firmen nennen könnten, die auf diesem Gebiet in Ihrem Land tätig sind und sich für unsere Produkte interessieren könnten. Wir werden uns dann direkt mit diesen in Verbindung setzen.

Mit freundlichen Grüßen

Dr. Armin Hinz

Generaldirektor

---

[*] siehe auch Seite 78.

العدد: 500   Dent Nova GmbH
التاريخ: 7/5/...   Leipzig – PO Box …
Germany

إتحاد غرف التجارة العراقية
بغداد ـ العراق
ص. ب. رقم ...
Iraq

حضرات السيدات والسادة المحترمون

نحن من كبريات الشركات المتخصصة في انتاج وتصدير معدات طب الأسنان
ونتمتع بخبرات فائقة في هذا المجال حيث أن تأريخ تأسيس شركتنا يعود إلى
أكثر من خمسين سنة ونقوم حاليا بتصدير منتجاتنا إلى أكثر من ثلاثين بلدا. نرفق
طيا قائمة بالتشكيلة الواسعة لمنتجاتنا.
سنكون سعداء جدا لو تكرمتم بذكر أسماء وعناوين الشركات العاملة في هذا
المجال في بلدكم والتي قد تكون مهتمة بمنتجاتنا حيث أننا سنقوم بالإتصال
مباشرة بهذه الشركات.

مع فائق التقدير والإحترام

د. أرمين هينز
المدير العام

Anfrage bei der Handelskammer   80   إستفسار لدى غرفة التجارة

Arabischer Handel GmbH   Amman, den 05. Juli
Amman – Postfach …
Jordan

Ghorfa Arabisch-Deutsche Vereinigung
für Handel und Industrie e.V.
Berlin – Postfach …
Germany

Referenznummer: 85

Sehr geehrte Damen und Herren,

unsere Firma ist auf den Import von metallverarbeitenden Maschinen
spezialisiert. Wir wären Ihnen sehr dankbar, wenn Sie uns Namen und Adressen
von Firmen nennen könnten, die derartige Maschinen herstellen und
exportieren.

Mit freundlichen Grüßen

Nabih Amin

Einkaufsleiter

Anfrage bei der Handelskammer   81   إستفسار لدى غرفة التجارة

شركة التجارة العربية ذ. م .م   العدد: 85

عمان ـ المملكة الأردنية الهاشمية   التاريخ: 5/7/...

ص. ب رقم ...

Jordan

Ghorfa Arabisch-Deutsche
Vereinigung für Handel
und Industrie e.V.
Berlin – PO Box …
Germany

حضرات السيدات والسادة المحترمون

شركتنا متخصصة باستيراد مكائن تشغيل المعادن. سنكون شاكرين جدا لو كان
بإمكانكم تزويدنا بأسماء وعناوين الشركات المتخصصة بانتاج وتصدير مثل هذه
المكائن.

مع فائق التقدير والإحترام

نبيه أمين
مدير المشتريات

Antwort auf Anfrage   74   رد على استفسار

Irakische Handelskammer   Bagdad, den 30. Juli
Bagdad – Postfach …
Iraq

Dent Nova GmbH
Leipzig – Postfach …
Germany

Referenznummer: 500/8

Ihre Anfrage vom 07.05.

Sehr geehrter Herr Dr. Hinz,

in Beantwortung Ihrer oben genannten Anfrage senden wir Ihnen anbei die
Namen und Adressen der Firmen zu, die in unserer Kammer registriert sind und
Zahnmedizintechnik importieren.

Wir wünschen Ihnen gute Geschäfte!

Mit freundlichen Grüßen

Präsident der Handelskammer – Bagdad

Anlagen:
Liste der Namen und Adressen der Firmen

Antwort auf Anfrage   75   رد على استفسار

العدد: 318	إتحاد غرف التجارة العراقية
التاريخ: 7/30/...	بغداد ـ العراق
	ص. ب رقم ...
	Iraq

Dent Nova GmbH
Leipzig – PO Box …
Germany

الموضوع / استفساركم بتاريخ 5/7/...

حضرة السيد الدكتور هنتز

ردا على استفساركم المذكور أعلاه نرسل لكم طيا أسماء وعناوين الشركات المسجلة في إتحادنا والتي تقوم بتوريد معدات طب الأسنان متمنين لكم صفقات مربحة.

مع فائق التقدير والإحترام

المرفقات:
قائمة بأسماء الشركات
وعناوينها

رئيس غرفة تجارة بغداد

Antwort auf Anfrage   76   رد على استفسار

Ghorfa Arabisch-Deutsche Vereinigung   Berlin, den 17. August
für Handel e.V.
Berlin – Postfach …
Germany

Arabischer Handel GmbH
Amman – Postfach …
Jordan

Referenznummer: 96

Ihre Anfrage vom 05.07.

Sehr geehrter Herr Amin,

in Beantwortung Ihrer Anfrage – Nr. 85 vom 05.07. anbei die Namen und
Adressen der deutschen Firmen, die auf Herstellung und Vertrieb von
metallverarbeitenden Maschinen spezialisiert sind.

Wir wünschen Ihnen viel Erfolg!

Mit freundlichen Grüßen

Claudia Fischer

Anlagen:
Liste der Namen und Adressen der Firmen

Antwort auf Anfrage　77　　　　　　　　　　　رد على استفسار

العدد: 96　　　　　　　　Ghorfa Arabisch-Deutsche Vereinigung
التاريخ: 8/17/...　　　　　　für Handel e.V.
　　　　　　　　　　　　　Berlin – PO Box ...
　　　　　　　　　　　　　Germany

شركة التجارة العربية ذ. م. م
عمان ـ المملكة الأردنية الهاشمية
ص. ب رقم ...
Jordan

الموضوع / استفساركم بتاريخ 7/5/...

حضرة السيد نبيه أمين المحترم

ردا على استفساركم المرقم 85 الموجه إلينا بتاريخ 7/5/... نرفق طيا أسماء
وعناوين الشركات الألمانية المتخصصة بانتاج وتصدير مكائن تشغيل المعادن
متمنين لكم كل نجاح.

مع فائق التقدير والإحترام

المرفقات:
قائمة بأسماء الشركات
وعناوينها

كلاوديا فيشر

Anfragen (Handel)   84   إستفسارات(تجارية)

In der Anfrage fordert der Käufer üblicherweise Kataloge und Prospekte an, informiert sich über Preise, Lieferbedingungen, Lieferzeiten und Zahlungsbedingungen.

Neubau GmbH   Aleppo, den 03. März
Aleppo – Postfach …
Syria

Klimatech GmbH
Leipzig – Postfach ...
Germany

Referenznummer: 87235

Anfrage

Sehr geehrte Damen und Herren,

wir haben Ihren Stand auf der diesjährigen Internationalen Messe von Damaskus besucht und uns über Ihre Klimaanlagen informiert. Da unsere Firma auf den Vertrieb derartiger Geräte auf unserem Markt spezialisiert ist, bitten wir Sie um genaue Informationen über Ihre Produkte. Wir wären sehr erfreut, wenn Sie uns Ihre neuesten illustrierten Kataloge, technische Parameter, Preislisten, Liefer- und Zahlungsbedingungen zusenden könnten.

Wir würden uns über dauerhafte Handelsbeziehungen zu Ihrer Firma sehr freuen.

Mit freundlichen Grüßen

Nabil al-Djauhari

Generaldirektor

Anfrage   85   إستفسار

العدد: 87235	شركة البناء الجديد ذ. م. م
التاريخ: ...3/3/	حلب ـ الجمهورية العربية السورية
	ص. ب رقم ...
	Syria

Klimatech GmbH
Leipzig – PO Box …
Germany

الموضوع / إستفسار

حضرات السيدات والسادة المحترمون

لقد زرنا جناحكم في معرض دمشق الدولي لهذه السنة واطلعنا على منتجاتكم
بالنسبة لأجهزة التدفئة والتبريد.
وبما إن شركتنا متخصصة بتوريد مثل هذه الأجهزة في أسواقنا نرغب في
الحصول على معلومات مفصلة عن منتجاتكم هذه.
لذا سنكون شاكرين لو كان بإمكانكم إرسال أحدث كتالوجاتكم المصورة إضافة
إلى المواصفات الفنية وقائمة الأسعار وشروط الدفع والتوريد.
يسرنا أن نعلن عن رغبتنا في إقامة علاقات تجارية دائمة مع شركتكم.

مع فائق التقدير والإحترام

نبيل الجوهري
المدير العام

Antwort auf Anfrage   82

رد على استفسار

Klimatech GmbH   Leipzig, den 15. März
Leipzig – Postfach …
Germany

Neubau GmbH
Aleppo – Postfach …
Syria

Referenznummer: 87235

Ihre Anfrage

Sehr geehrter Herr Al-Djauhari,

wir danken Ihnen für Ihr Schreiben – Nr. 87235 vom 03.03. und für Ihr Interesse an unseren Produkten, die auf Grund ihrer Qualität und ihren konkurrenzlosen Preisen eine gute Reputation auf dem syrischen Markt genießen. Unsere Firma ist seit mehr als dreißig Jahren auf die Herstellung von Klimaanlagen spezialisiert. Mit getrennter Post senden wir Ihnen den aktuellen illustrierten Katalog, der alle technischen Parameter enthält. Anbei die Liste unserer Preise, die sich FOB – deutscher Hafen verstehen, einschließlich seemäßiger Verpackung. Wir möchten Sie darauf aufmerksam machen, dass die Preise unseres Angebotes für drei Monate gültig sind und sich danach ändern können. Die Bezahlung erfolgt mittels eines zu unseren Gunsten eröffneten und von einer deutschen Bank bestätigten unwiderruflichen Akkreditivs. Die Lieferzeit beträgt zwischen 7 und 9 Wochen.

Wir sind gern bereit, Ihnen alle Fragen zu beantworten und Ihnen eine Pro-forma-Rechnung zur Erlangung einer Importlizenz auszustellen. Wir würden uns über einen Probeauftrag freuen und versichern Ihnen, dass wir ihn mit äußerster Sorgfalt ausführen werden.

Mit freundlichen Grüßen

Jörg Hoffmann

Verkaufsleiter

Antwort auf Anfrage   83   رد على استفسار

العدد: 87235   Klimatech GmbH
التاريخ: 15/3/...   Leipzig - PO Box ...
                                                          Germany

                                        شركة البناء الجديد ذ. م. م
                                        حلب ـ الجمهورية العربية السورية
                                        ص. ب رقم ...
                                                          Syria

                        الموضوع / إستفساركم

                        حضرة السيد الجوهري المحترم

شكرا جزيلا على رسالتكم المرقمة 87235 المؤرخة في 3/3... وعلى اهتمامكم
بمنتجاتنا التي تتمتع بشهرة طيبة في الأسواق العالمية نظرا لجودتها الفائقة
وأسعارها التنافسية حيث أن شركتنا متخصصة في انتاج أجهزة التدفئة والتبريد
منذ أكثر من ثلاثين عاما ويسرنا أن نبعث إليكم ببريد منفصل أحدث كتالوجاتنا
المصورة والتي تتضمن كافة المواصفات الفنية.
نرفق طيا قائمة أسعارنا / تسليم ظهر السفينة ـ أحد الموانئ الألمانية بما في ذلك
تغليف يتطابق مع شروط النقل البحري.
ونود الإشارة إلى أن أسعار عروضنا سارية المفعول لمدة ثلاثة أشهر تصبح
بعدها قابلة للتغيير.
يتم تسديد الحساب عن طريق فتح اعتماد غير قابل للنقض يتم تأييده لأمرنا من
قبل أحد البنوك الألمانية وتتراوح مدة التوريد ما بين سبعة إلى تسعة أسابيع.
نحن مستعدون للرد على كافة استفساراتكم ولتزويدكم بفواتير صورية بغية
استحصال رخصة استيراد.
نتطلع إلى طلبيتكم التجريبية ونعد بأننا سوف نقوم بتنفيذها بعناية فائقة.

                        مع فائق التقدير والإحترام

يورك هوفمان
مدير المبيعات

Incoterms

(International Commercial Terms,
dt.: Internationale Handelsklauseln)

شروط (توريد البضائع في) التجارة الدولية

EXW (ex Works, dt.: ab Werk) Der Verkäufer ist dazu verpflichtet, die Ware auf seinem Grundstück (Fabrik, Lager, Werk) bereit zu stellen. Alle Kosten für Transport, Versicherung und Ausfuhr trägt der Käufer.	البائع ملزم بتوفير البضاعة أمام مقره (شركة كانت أومستودع) ويتحمل المشتري كافة التكاليف بالنسبة للنقل والتأمين والتصدير.
FCA (free carrier, dt.: frei Frachtführer) Der Verkäufer ist verpflichtet, die Ware einem Frachtführer am benannten Ort zu übergeben und für die Ausfuhr freizumachen. Die Kosten und Gefahren des Transports trägt von diesem Zeitpunkt an der Käufer.	البائع ملزم بتسليم البضاعة إلى وكيل الشحن (الناقل) في المكان المتفق عليه وجعلها معدة للتصدير ويتحمل المشتري ابتداء من هذه اللحظة تكاليف النقل والإخطار المترتبة على ذلك.
FAS (free alongside ship, dt.: frei Längsseite Schiff) Der Verkäufer ist verpflichtet, die Ware längsseits eines bestimmten Schiffs abstellen. Die Kosten und Gefahren des Transports trägt der Käufer.	البائع ملزم بتوريد البضاعة أمام الجانب الطولي للسفينة المتفق عليها ويتحمل المشتري تكاليف النقل والأخطار المترتبة على ذلك.
FOB (free on board, dt.: frei an Bord) Der Verkäufer ist verpflichtet, die Ware an Bord des vereinbarten Schiffs zu bringen. Ab Überschreiten der Schiffsreling gehen die Kosten und die Gefahr des Transports auf den Käufer über.	البائع ملزم بتسليم البضاعة على ظهر السفينة المتفق عليها ويتحمل المشتري من لحظة مغادرة البائع لظهر السفينة تكاليف النقل والإخطار المترتبة على ذلك.
CFR (cost and freight, dt.: Kosten und Fracht) Der Verkäufer muss die Ware auf das Schiff bringen. Die Gefahr der Beschädigung oder Zerstörung auf dem Schiff geht auf den Käufer über. Der Verkäufer hat die Kosten und Fracht bis zur Lieferung zum Zielhafen zu zahlen.	على البائع إيصال البضاعة إلى ظهر السفينة. ويتحمل المشتري أخطار تضرر البضاعة أو تلفها في السفينة وعلى البائع دفع تكاليف الشحن لغاية التوريد إلى الميناء المرسل إليه.

CIF (cost, insurance, freight, dt.: Kosten, Versicherung, Fracht) Der Verkäufer kommt für die Kosten bis zur Lieferung, für die Versicherung und die Frachtkosten auf.	يتحمل البائع لغاية التوريد، تكاليف التأمين والشحن.
CPT (carriage paid to ..., dt.: Frachtfrei) Der Verkäufer trägt die Kosten des Haupttransports. Alle übrigen Kosten und Gefahren gehen auf den Käufer über.	يتحمل البائع تكاليف النقل الرئيسي ويتحمل المشتري كافة التكاليف والأخطار.
CIP (carriage and insurance paid to ..., dt.: frachtfrei versichert) Der Verkäufer ist verpflichtet, die Kosten des Transports zu tragen und eine Versicherung für den Transport abzuschließen und zu bezahlen.	البائع ملزم بدفع تكاليف النقل وبدفع قيمة التأمين على البضاعة أثناء نقلها.
DAF (delivered at frontier, dt.: geliefert Grenze) Der Verkäufer verpflichtet, sich die Ware bis zur Grenze zu liefern und dem Käufer zu Verfügung zu stellen.	البائع ملزم بإيصال البضاعة إلى الحدود ووضعها تحت تصرف المشتري.
DES (delivered ex ship, dt.: geliefert ab Schiff) Der Verkäufer ist verpflichtet, die Ware per Schiff zu transportieren. Er ist für die Entladung nicht mehr zuständig. Kosten und Gefahr trägt der Käufer ab Entladung.	البائع ملزم بنقل البضاعة بحرا وليس مسؤولا عن تفريغها. وابتداء من عملية التفريغ يتحمل المشتري التكاليف والأخطار.
DEQ (delivered ex quay, dt.: geliefert ab Kai) Der Verkäufer ist verpflichtet, die Ware zu entladen und am Kai zur Verfügung zu stellen.	البائع ملزم بتفريغ البضاعة ووضعها على رصيف الميناء.
DDU (delivered duty unpaid, dt.: geliefert unverzollt) Der Verkäufer ist verpflichtet, die Ware für die Einfuhr freizumachen und am bestimmten Ort auf einem Transportmittel zur Verfügung zu stellen. Den Zoll muss der Käufer zahlen.	البائع ملزم بجعل البضاعة معدة للإستيراد ووضعها على ظهر واسطة النقل في المكان المتفق عليه ويتحمل المشتري دفع الرسوم الجمركية.

DDP (delivered duty paid, dt.: geliefert verzollt) Der Verkäufer muss alle Kosten und Gefahren des Transports bis zum Bestimmungsort tragen, einschließlich des Zolls. Auch: Frei Haus	البائع ملزم بتحمل كافة التكاليف وأخطار النقل بما في ذلك الرسوم الجمركية وتعرف أيضا ب. "Door to Door". "من الباب للباب"

Zahlungsbedingungen   شروط الدفع

Vorauszahlung	الدفع مقدما
Bezahlung bei Auftragserteilung	الدفع عند تقديم الطلب
Zahlung bei Rechnungserhalt	الدفع عند استلام الفاتورة
Zahlung bei Erhalt der Ware	الدفع عند استلام البضاعة
Zahlung durch Akzept	الدفع بقبول
Kasse gegen Dokumente	الدفع مقابل مستندات
Übergabe der Versanddokumente erfolgt gegen Bankakzept.	تسليم مستندات الشحن مقابل قبول البنك
Zahlung durch unwiderrufliches Akkreditiv	الدفع عن طريق اعتماد غير قابل للنقض

Vollmacht وكالة

وكالة

أنا الموقع أدناه ... تاريخ الولادة ومحلها ... محل الإقامة ... أوكل بذا السيد ...
تاريخ الولادة ومحلها ... محل الإقامة ... لتمثيلي في كافة الشؤون أمام الدوائر
الحكومية والأفراد وذلك وفق ما يسمح به القانون.

لاييزك في ...
التوقيع

Vollmacht

Hiermit erteile ich, …, geboren am … in …, wohnhaft in …, Herrn …, geboren
am … in …, wohnhaft in …, die Vollmacht, mich in Angelegenheiten
gegenüber Behörden und Privatpersonen zu vertreten, in denen eine Vertretung
rechtlich zulässig ist.

Leipzig, den …
…
Unterschrift

Anfrage   100 / 116 / 120 / 132   إستفسار

Al-Sabah Agrarproduktion GmbH   Amman, den 07. Mai
Amman – Postfach …
Jordan

Hydrotech GmbH
Leipzig – Postfach ...
Germany

Referenznummer: 37

Anfrage

Sehr geehrte Damen und Herren,

wir haben Ihre Adresse von einem Geschäftspartner erhalten, der uns mitgeteilt hat, dass Sie Wasserpumpen herstellen und liefern. Diesbezüglich möchten wir Ihnen mitteilen, dass wir 10 Pumpen vom Typ: WP75L/m, CIF – Hafen von Aqaba bestellen. Bitte unterbreiten Sie uns ein günstiges Angebot. Desgleichen bitten wir Sie, uns einen Katalog Ihrer Produkte sowie genaue Informationen zu Lieferzeiten, Preisen, Liefer- und Zahlungsbedingungen zu schicken. Sie können gern bei der Agrarbank von Amman Auskünfte über unsere Firma einholen.

Sollte Ihr Angebot unseren Qualitäts- und Preisvorstellungen entsprechen, können Sie mit einem Probeauftrag rechnen.

Mit freundlichen Grüßen

Ahmad Munif

Einkaufsleiter

شركة الصباح للإنتاج الزراعي ذ. م. م   العدد: 72
عمان ـ المملكة الأردنية الهاشمية   التاريخ: ؟.../5/7
ص. ب رقم ...
Jordan

Hydrotech GmbH
Leipzig – PO Box …
Germany

الموضوع / إستفسار

حضرات السيدات والسادة المحترمون

لقد حصلنا على عنوانكم من شريك تجاري نتعامل معه وأخبرنا بأنكم تتنتجون
وتصدرون مضخات المياه التي نحتاج إليها.
ونود هنا أن نعلن عن رغبتنا في استيراد عشر مضخات من طراز WP75L/m
سيف العقبة.
لذا نرجو التفضل بتقديم أنسب عروضكم كما نرجو إرسال كتالوج عن منتجاتكم
ومعلومات مفصلة حول فترة التوريد والأسعار وشروط الدفع والتوريد.
بإمكانكم الإستفسار عن وضعنا المالي لدى البنك الزراعي ـ عمان.
في حالة رضانا عن عرضكم بالنسبة للجودة والأسعار سوف نتقدم إليكم بطلبية
تجريبية.

مع فائق التقدير والإحترام

أحمد منيف
مدير المشتريات

Anfrage   102 / 104 / 110 / 118 / 122 / 134   إستفسار

Lebensmittel GmbH   Damaskus, den 17. Februar
Damaskus – Postfach …
Syria

Maschinen und Anlagenbau GmbH
Leipzig – Postfach ...
Germany

Referenznummer: 97

Anzeige in der Zeitung „Handel und Wirtschaft" vom 15.02.

Sehr geehrte Damen und Herren,

in Bezug auf Ihre oben genannte Anzeige, möchten wir Ihnen mitteilen, dass
wir beabsichtigen drei Getreidemühlen vom Typ: GM0-2, CIF – Hafen von
Latakia, zu importieren. Deshalb möchten wir Sie bitten, uns ein Angebot zu
unterbreiten, das die Kosten der Installation und Inbetriebnahme sowie
Informationen über Garantie- und Servicezeitraum enthält. Des Weiteren
möchten wir Sie bitten, uns über Liefer- und Zahlungsbedingungen (einschl.
Lieferzeiten) zu informieren und uns eine Preisliste zu schicken. Unsere Bank,
die Industriebank – Damaskus, wird Ihnen gern alle Auskünfte erteilen.

Wir freuen uns über Ihr Angebot und verbleiben

Mit freundlichen Grüßen

Abdulrahman al-Schami

Einkaufsleiter

Anfrage 103 / 105 / 111 / 119 / 123 / 135   إستفسار

شركة الصناعات الغذائية المحدودة   العدد: 97
دمشق ـ الجمهورية العربية السورية   التاريخ: 17/2/...
ص. ب رقم ...
Syria

Maschinen und Anlagenbau GmbH
Leipzig – PO Box ...
Germany

الموضوع / إعلانكم في جريدة "التجارة والإقتصاد" بتأريخ 15/2/...

حضرات السيدات والسادة المحترمون

إستنادا إلى إعلانكم في الجريدة المذكورة أعلاه حول مطاحن الحبوب نعلن هنا عن رغبتنا في استيراد ثلاث مطاحن حبوب من طراز GM0-2 سيف (CIF) اللاذقية.

لذا نرجو تقديم عرض يتضمن أيضا تكاليف النصب والتشغيل وتزويدنا بمعلومات حول فترة الضمان والخدمات كما نرجو إخبارنا بمدة التوريد وإرسال قائمة الأسعار وشروط الدفع والتوريد.

إن البنك الذي نتعامل معه   البنك الصناعي ـ دمشق، مستعد للرد على كافة استفساراتكم.

نتطلع إلى عرضكم السريع متمنين أسعد الأوقات

مع فائق التقدير والإحترام

عبد الرحمن الشامي
مدير المشتريات

Stereotypische Wendungen تعابير نمطية

Wir sind auf Herstellung und Export von … spezialisiert.	نحن متخصصون بانتاج وتصدير ...
Wir sind eine Firma, die über lange Erfahrung auf dem Gebiet des Großhandels verfügt.	نحن شركة تتمتع بخبرات طويلة في مجال تجارة الجملة.
Wir möchten uns mit einer Firma in Verbindung setzen, die sich für unsere Produkte interessiert.	نود الإتصال بشركة تهتم بمنتجاتنا.
Wir suchen …	نبحث عن
▶ eine Firma, die … produziert.	◀ شركة تنتج ...
▶ nach einem Importeur für unsere Produkte.	◀ مستورد لمنتجاتنا.
▶ einen Vertreter, der unsere Produkte vertreibt.	◀ وكيل لتصريف منتجاتنا.
▶ einer Firma, mit der wir Jointventure eingehen können.	◀ شركة للقيام بمشاريع مشتركة.
Wir sind eine der führenden Firmen auf diesem Gebiet	شركتنا من كبريات الشركات في هذا المجال.
Wir exportieren unsere Produkte in mehr als 30 Länder.	نصدر منتجاتنا إلى أكثر من ثلاثين بلدا.
Wir sind sehr an der Zusammenarbeit mit spezialisierten Firmen auf diesem Gebiet interessiert.	نهتم اهتماما بالغا بالتعاون مع شركات متخصصة في هذا المجال.
Unsere Firma genießt eine ausgezeichnete Reputation auf dem Markt.	تتمتع شركتنا بسمعة طيبة في الأسواق التجارية.
Unsere Firma wurde vor … gegründet.	لقد تم تأسيس شركتنا قبل ...
Sie können sich mit … in Verbindung setzen, um Auskünfte über die Finanzlage unserer Firma einzuholen.	بإمكانكم الإتصال بـ ... للتأكد من وضعنا المالي.
Wir pflegen geschäftliche Beziehungen zu Firmen und Banken im In- und Ausland.	نتعامل مع شركات وبنوك في الداخل والخارج.

Unsere Partnerbank	البنك الذي نتعامل معه
Unsere Produkte zeichnen sich durch erstklassige Qualität und konkurrenzfähige Preise aus.	تتمتع منتجاتنا بجودتها الفائقة وأسعارها التنافسية.
Wir haben Ihre Adresse von einem Geschäftspartner erhalten.	لقد حصلنا على عنوانكم من شريك تجاري.
Es freut uns, Ihnen unsere Anfrage nach … mitzuteilen.	يسرنا أن نعلن عن رغبتنا في …
Wir haben Ihre Anzeige in … gelesen.	إطلعنا على إعلانكم المنشور في …
Unser Interesse gilt …	يتركز اهتمامنا على …
Wir haben großes Interesse an …	نهتم اهتماما بالغا بـ …
Die Qualität Ihrer Produkte entspricht unseren Anforderungen.	نوعية منتجاتكم تطابق متطلباتنا.
Wenn wir mit Ihren Produkten zufrieden sind …	إذا نالت منتجاتكم رضانا …
Sie können mit einer Vielzahl von Aufträgen rechnen.	بإمكانكم انتظار المزيد من الطلبيات.
Wenn Qualität und Preise Ihrer Produkte konkurrenzfähig sind …	إذا كانت نوعية منتجاتكم وأسعارها تنافسية …
Wir sind bereit, einen Probeauftrag zu erteilen.	مستعدون لمنحكم طلب تجريبي.
Wir würden uns über eine dauerhafte Zusammenarbeit freuen.	نرغب في إقامة علاقات تجارية دائمة.
Wir sehen dem Abschluss eines Vertreter-Vertrages mit Freude entgegen.	نتطلع إلى عقد اتفاقية وكالة.
Wir übernehmen die Kosten für Reise und Aufenthalt ihres Vertreters.	نتحمل مصاريف السفر والإقامة لمندوب شركتكم.
Unterbreiten Sie uns ein Angebot!	قدموا لنا عرضا.
Könnten Sie uns einen Handelsrabatt von …% gewähren?	هل بإمكانكم منحنا حسم / خصم تجاري مقداره …%؟

Können Sie unseren Auftrag vor Beginn der Feiertage erledigen?	هل بإمكانكم تلبية طلبنا قبل حلول العيد؟
Wir bitten Sie, uns einige Muster Ihrer Produkte zu schicken.	نرجو إرسال بعض نماذج منتجاتكم
Wir bitten Sie, uns genaue Informationen über … zu schicken.	نرجو إرسال معلومات مفصلة حول ...
Wir möchten Sie darauf aufmerksam machen, dass …	نلفت انتباهكم الكريم إلى ...
Wir wären sehr erfreut, wenn Sie uns über … informieren könnten.	سنكون سعداء جدا لو أخبرتمونا بـ ...
Wir möchten uns über … erkundigen.	نود أن نستفسر عن ...
Wir hoffen, den Auftrag zu Ihrer Zufriedenheit erledigt zu haben.	نأمل أن ينال تنفيذنا لطلبيتكم رضاكم

Übungen التمارين

1. Übersetzen Sie folgende Anfrage ins Deutsche!

الموضوع / إستفسار

حضرات السيدات والسادة المحترمون

بناء على إعلانكم المنشور في جريدة "التجارة والإقتصاد" بعددها الصادر في
في دمشق في الخامس من هذا الشهر حول الكاميرات الرقمية نرجو تقديم عرض
حول توريد 180 كاميرا رقمية موديل D5 كشحنة جوية تسليم مطار دمشق كما
نرجو إرسال آخر كتالوجاتكم المصورة ومعلومات مفصلة حول فترة التوريد
والأسعار وشروط الدفع والتوريد.
إن البنك التجاري في دمشق مستعد للرد على كافة استفساراتكم حول شركتنا.
نتطلع إلى ردكم السريع

مع فائق التقدير والإحترام

معمر عباس
مدير المشتريات

2. Übersetzen Sie folgende Anfrage ins Arabische!

Anfrage

Sehr geehrte Damen und Herren,

wir möchten Sie bitten, uns ein Angebot über 2000 Stück handgewebte Kelims (mit Zertifikat) FOB Tunis zu machen. Des Weiteren bitten wir Sie, uns über Lieferzeiten, Preise, Liefer- und Zahlungsbedingungen zu informieren.

Die Handelsbank in Leipzig ist gern bereit, Ihnen Auskünfte über unser Unternehmen zu erteilen.

Sollte uns Ihr Angebot zufrieden stellen, können Sie mit weiteren Aufträgen rechnen.

Mit freundlichen Grüßen

Irene Baumgardt

Einkaufsleiterin

3.   Formulieren Sie einen Brief in Arabisch, in dem Sie zum Ausdruck bringen, dass Ihre Firma

3. 1.   führend auf dem Gebiet der Herstellung / Export von Röntgengeräten ist und Handelskontakte zu interessierten Firmen auf den arabischen Märkten sucht.

3. 2.   Handelskontakte zu Herstellern von elektrischen Haushaltsgeräten sucht.

3. 3.   am Kauf von Dieselgeneratoren interessiert ist (richten Sie dabei eine Anfrage an den Herstellerbetrieb!).

3. 4.   den Hersteller um Informationen über Lieferzeiten, Preise, Liefer- und Zahlungsbedingungen bittet.

3. 5.   den Herstellerbetrieb um Zusendung der technischen Parameter seines neuesten Produktes bittet (beziehen Sie sich auf seine Anzeige in … vom …!).

3. 6.   einen Vertreter sucht, der den Vertrieb Ihrer Produkte auf dem irakischen Markt übernimmt.

3. 7.   Ihren Vertreter in Bagdad um einen Bericht über die Nachfrage nach den neuen Modellen bittet.

3. 8.   die Industrie und Handelskammer in Damaskus um Informationen über Messen und Ausstellungen von Landtechnik in Syrien bittet.

Angebot   90 / 116 / 120 / 132 عرض / عطاء

Das Angebot ist die Antwort auf die Anfrage einer Firma. Mit ihm werden genaue Beschreibungen der Ware, Liefermenge, Preis, Lieferzeit, Liefer- und Zahlungsbedingungen übermittelt.

Hydrotech GmbH   Leipzig, den 29. Mai
Leipzig – Postfach …
Germany

Al-Sabah Agrarproduktion GmbH
Amman – Postfach …
Jordan

Referenznummer: 37

Angebot

Sehr geehrter Herr Munif,

vielen Dank für Ihre Anfrage – Nr. 72 vom 07.05. und für Ihr Interesse an unseren Produkten. Wir freuen uns, Ihnen folgendes Angebot zu machen:

10 Wasserpumpen vom Typ: WP75L/m
Preis pro Pumpe: … Euro
Gesamtpreis: … Euro
FOB Rostock einschließlich seemäßiger Verpackung.
Kosten Seefracht Rostock – Aqaba inkl. Versicherung: … Euro

Zahlungsbedingungen: Eröffnung eines unwiderruflichen Akkreditivs zu
                     unseren Gunsten, bestätigt durch eine deutsche Bank.
Lieferzeit: Lieferung erfolgt 5 Wochen nach Erhalt der
                     Bestätigung des Akkreditivs

Wir werden Ihnen heute den Katalog, den Sie angefordert haben, mit getrennter Post zuschicken und hoffen, dass Sie unser Angebot annehmen. Wir würden uns über eine Bestellung freuen.

Mit freundlichen Grüßen

Barbara Kaufmann

Verkaufsleiterin

Angebot   91 / 117 / 121 / 133   عرض / عطاء

Hydrotech GmbH	العدد: 37
Leipzig – PO Box …	التاريخ: 5/29/...
Germany	

شركة الصباح للإنتاج الزراعي ذ. م. م
عمان ـ المملكة الأردنية الهاشمية
ص. ب رقم ...
Jordan

الموضوع / عرض

حضرة السيد أحمد منيف المحترم

جزيل الشكر على استفساركم المرقم 72 والمؤرخ في 5/07/... وعلى اهتمامكم بمنتجاتنا ويسعدنا أن نقدم لكم العرض التالي:
عشر مضخات مياه طراز WP75L/m
سعر المضخة الواحدة ... يورو
السعر الإجمالي   ... يورو
تسليم ظهر الباخرة (فوب) روستوك بما في ذلك تغليف يتطابق مع شروط النقل البحري.
وتبلغ تكاليف الشحن البحري روستوك ـ سيف العقبة والتأمين ... يورو
شروط الدفع: فتح اعتماد غير قابل للنقض لأمرنا يتم تأييده من قبل أحد البنوك الألمانية.
فترة التوريد: يتم التوريد بعد خمسة أسابيع من تاريخ استلامنا لتأييد الإعتماد.

سنرسل اليوم ببريد منفصل الكتالوج الذي طلبتموه نأمل أن ينال عرضنا هذا رضاكم ونتطلع إلى طلبيتكم.

مع فائق التقدير والإحترام

بربرا كاوفمان
مديرة المبيعات

Angebot   92 / 104 / 110 / 118 / 122 / 134   عرض / عطاء

Maschinen und Anlagenbau GmbH   Leipzig, den 03. März
Leipzig – Postfach ...
Germany

Lebensmittel GmbH
Damaskus – Postfach …
Syria

Referenznummer: 97

Angebot

Sehr geehrter Herr Al-Schami,

vielen Dank für Ihre Anfrage – Nr. 97 vom 17.02. und für Ihr Interesse an
unseren Produkten. Wir freuen uns, Ihnen folgendes Angebot zu machen:

3 Getreidemühlen vom Typ: GM0-7
Preis pro Mühle: … Euro
Gesamtpreis: … Euro
FOB Rostock einschließlich seemäßiger Verpackung.
Kosten Seefracht Rostock – Latakia inkl. Versicherung: … Euro

Zahlungsbedingungen: Eröffnung eines unwiderruflichen Akkreditivs zu
                     unseren Gunsten, bestätigt durch eine deutsche Bank.
Lieferzeit: Lieferung erfolgt 3 Monate nach Erhalt der
                     Bestätigung des Akkreditivs

Anbei unsere Preise und ein Katalog, der den Garantiezeitraum und die
Bedingungen des Wartungsservice für unsere Kunden im Ausland enthält. Wir
hoffen, dass Sie unser Angebot annehmen und freuen uns auf Ihre Bestellung,
die wir mit äußerster Sorgfalt erledigen werden.

Mit freundlichen Grüßen

Thomas Klein

Verkaufsleiter

Anlagen:
Preisliste und Katalog

Angebot   93 / 105 / 111 / 119 / 123 / 135   عرض / عطاء

العدد: 37   Maschinen und Anlagenbau GmbH
التاريخ: 15/3/...   Leipzig – PO Box …
                                                    Germany

شركة الصناعات الغذائية المحدودة ذ. م. م
دمشق ـ الجمهورية العربية السورية
ص. ب رقم ...
Syria

الموضوع / عرض

حضرة السيد الشامي المحترم

شكرا جزيلا على استفساركم المرقم 97 والمؤرخ في 17/2/... وعلى اهتمامكم
بمنتجاتنا ويسعدنا أن نقدم لكم العرض التالي:

ثلاث مطاحن حبوب طراز GM0-2
سعر المطحنة الواحدة ... يورو
المجموع   ... يورو
فوب روستوك بما في ذلك تغليف يتطابق مع شروط النقل البحري.
تكاليف الشحن البحري روستوك ـ اللاذقية والتأمين ... يورو
تكاليف النصب والتشغيل   ... يورو
شروط الدفع: فتح اعتماد غير قابل للنقض لأمرنا يتم تأييده من قبل أحد البنوك
الألمانية
مدة التوريد : يتم التوريد بعد ثلاثة أشهر من تاريخ استلامنا لتأييد الإعتماد
نرفق طيا قائمة أسعارنا وكتالوجا يتضمن فترة الضمان وشروط تقديم خدمات
الصيانة لزبائننا في الخارج.
نأمل أن ينال عرضنا هذا رضاكم ونتطلع إلى طلبيتكم التي سننفذها بكل عناية

مع فائق التقدير والإحترام

المرفقات:
قائمة الأسعار والكتالوج

توماس كلاين
مدير المبيعات

Pro-forma-Rechnung   92 / 102 / 110 / 118 / 122 / 134   طلب إرسال فاتورة صورية

Lebensmittel GmbH   Damaskus, den 2. April
Damaskus – Postfach …
Syria

Maschinen und Anlagenbau GmbH
Leipzig - Postfach …
Germany

Referenznummer: 221

Ihr Angebot – Nr. 37 über Getreidemühlen vom Typ: GM0–2

Sehr geehrte Damen und Herren,

nach ausführlicher Prüfung Ihres oben genannten Angebotes, freuen wir uns,
Ihnen mitteilen zu können, dass wir drei Getreidemühlen kaufen möchten. Für
den Geschäftsabschluss, bitten wir Sie, uns eine Pro-forma-Rechnung zu
schicken, um eine Importlizenz für diese Maschinen in unserem Land erlangen
zu können. Diese Rechnung sollte Folgendes enthalten:

1. Technische Spezifikation der Mühlen
2. Preis pro Mühle
3. Zahlungs- und Lieferbedingungen CIF-Latakia

Wir wären sehr erfreut, wenn Sie uns die Pro-forma-Rechnung so schnell wie
möglich zusenden könnten.

Mit freundlichen Grüßen

Abdulrahman al-Schami

Einkaufsleiter

Pro-forma-Rechnung   93 / 103 / 111 / 119 / 123 / 135   طلب إرسال فاتورة صورية

العدد: 221   شركة الصناعات الغذائية ذ. م. م
التاريخ: .../4/2   دمشق ـ الجمهورية العربية السورية
                                             ص. ب رقم ...
                                             Syria

                                             Maschinen und Anlagenbau GmbH
                                             Leipzig – PO Box ...
                                             Germany

الموضوع / عرضكم المرقم 37 حول مطاحن الحبوب GM0–2

حضرات السيدات والسادة المحترمون

بعد دراسة مستفيضة لعرضكم أعلاه يسعدنا اليوم أن نحيطكم علما بأننا قررنا
شراء ثلاث مطاحن حبوب ومن أجل التوصل إلى عقد هذه الصفقة نرجو إرسال
فاتورة صورية وذلك بغية استحصال موافقة السلطات المختصة في بلدنا على
استيراد هذه المكائن على أن تتضمن هذه الفاتورة ما يلي:

1ـ المواصفات الفنية للمطاحن
2ـ سعر المطحنة الواحدة
3ـ شروط الدفع والتوريد سيف اللاذقية

سنكون شاكرين جدا لو كان بإمكانكم إرسال الفاتورة الصورية بأسرع وقت
ممكن.

مع فائق التقدير والإحترام

عبد الرحمن الشامي
مدير المشتريات

**Ablehnung eines Angebots
wegen zu geringer Nachfrage**

رفض عرض بسبب قلة الطلب

Casablanca-Services GmbH
Casablanca – Postfach …
Marocco

Casablanca, den 28. Februar

Alpha – Com GmbH
Leipzig – Postfach …
Germany

Referenznummer: 308

Ablehnung Angebot

Sehr geehrte Damen und Herren,

wir danken Ihnen für Ihr Angebot vom 01.02. Zu unserem Bedauern, müssen wir Ihnen leider mitteilen, dass wir zur Zeit, angesichts der gegenwärtigen Marktlage und der mangelnden Nachfrage keinen Gebrauch von Ihrem Angebot machen können. Sobald wir Bedarf an den von Ihnen angebotenen Produkten haben, werden wir uns mit Ihnen in Verbindung setzen.

Mit freundlichen Grüßen

Raschid Musa

Einkaufsleiter

**Ablehnung eines Angebots
wegen zu geringer Nachfrage**

رفض عرض بسبب قلة الطلب

شركة خدمات الدار البيضاء ذ. م. م
الدار البيضاء ـ المغرب
ص. ب رقم ...
Marocco

العدد: 308
التاريخ: 28/2/...

Alpha Com GmbH
Leipzig – PO Box ...
Germany

الموضوع / رفض عرض

حضرات السيدات والسادة المحترمون

نشكركم على عرضكم المؤرخ في ... ويؤسفنا جدا أن نحيطكم علما بأنه لا يمكننا
الإستفادة منه حاليا نظرا لحالة السوق الحالية وقلة الطلب على مثل هذه المنتجات
في الوقت الراهن. سنتصل بكم فورا عندما نكون بحاجة إلى هذه المنتجات.

مع فائق التقدير والإحترام

رشيد موسى
مدير المشتريات

Ablehnung eines Angebots
Aus Preisgründen

رفض عرض بسبب ارتفاع الأسعار

Muhammad-Amin-Nasr GmbH   Khartum, den 04. April
Khartum – Postfach …
Sudan

Transmed GmbH
Leipzig – Postfach …
Germany

Referenznummer: 15

Ablehnung Angebot

Sehr geehrte Damen und Herren,

vielen Dank für Ihr Angebot vom 06.03. Wir möchten Ihnen mitteilen, dass wir
angesichts Ihrer Preisvorstellungen das Angebot nicht annehmen können. Wenn
Sie uns in Bezug auf die Preise entgegenkommen könnten und uns einen
Handelsrabatt von 10% gewähren, wären wir gern bereit, Ihr Angebot
anzunehmen.

Wir wären sehr erfreut, wenn Sie unserem Vorschlag zustimmten.

Mit freundlichen Grüßen

Tariq Nasr

Geschäftsführer

**Ablehnung eines Angebots
aus Preisgründen**

رفض عرض بسبب ارتفاع الأسعار

العدد: 15
التاريخ: .../4/4

شركة محمد أمين نصر ذ. م. م
الخرطوم ـ السودان
ص. ب رقم ...
Sudan

Transmed GmbH
Leipzig – PO Box ...
Germany

الموضوع / رفض عرض

حضرات السيدات والسادة المحترمون

شكرا جزيلا على عرضكم المؤرخ في 3/6... ونود أن نحيطكم علما بأنه لا
يمكننا القبول به نظرا لإرتفاع الأسعار.
نحن مستعدون لقبول هذا العرض لو تساهلتم معنا بصدد الأسعار ومنحتمونا
حسما تجاريا بمقدار 10%.
سيسعدنا جدا لو وافقتم على اقتراحنا هذا.

مع فائق التقدير والإحترام

طارق نصر
المدير

Antrag auf Eröffnung eines
unwiderruflichen Akkreditivs   92 / 102 / 104 / 118 / 122 / 134

طلب فتح اعتماد غير قابل للنقض

Lebensmittel GmbH   Damaskus, den 15. Juni
Damaskus – Postfach …
Syria

Handelsbank
Damaskus – Postfach …
Syria

Referenznummer: 127

Antrag auf Eröffnung eines unwiderruflichen Akkreditivs

Sehr geehrte Damen und Herren,

wir wenden uns an Sie, mit der Bitte um Eröffnung eines unwiderruflichen
Akkreditivs zu Lasten unserer Konto-Nr. … Der Akkreditivbetrag beläuft sich
auf … Euro zu Gunsten der „Anlagenbau GmbH, Leipzig – Deutschland".
Korrespondenzbank ist die Handelsbank Leipzig – Deutschland. Die Eröffnung
des Akkreditivs dient dem Import von drei Getreidemühlen, Preis pro Mühle …
Euro CIF Latakia. Die Gültigkeitsdauer erstreckt sich bis 17.10. Die Lieferung
der Ware soll bis 13.09. … erfolgen.
Die Zahlung erfolgt nach Vorlage aller notwendigen Dokumente innerhalb von
zwei Wochen nach dem Verladen der Ware.

Mit freundlichen Grüßen

Abdulrahman Al-Schami

Einkaufsleiter

Antrag auf Eröffnung eines

طلب فتح اعتماد غير قابل للنقض

unwiderruflichen Akkreditivs   93 / 103 / 105 / 119 / 123 / 135

العدد: 127

شركة الصناعات الغذائية ذ. م. م

التاريخ: ...15/7/

دمشق ـ الجمهورية العربية السورية

ص. ب رقم ...

البنك التجاري

دمشق ـ الجمهورية العربية السورية

ص. ب رقم ...

الموضوع / طلب فتح اعتماد غير قابل للنقل

حضرات السيدات والسادة المحترمون

نتقدم إليكم راجين فتح اعتماد غير قابل للنقض على حساب رصيدنا لديكم رقم ...

وذلك بقيمة ... لأمر شركة Anlagenbau GmbH , Leipzig – Germany.

البنك المراسل البنك التجاري في مدينة لايبزك ـ ألمانيا وذلك بغية استيراد ثلاث

مطاحن حبوب طراز GM0 – 2 سعر المطحنة الواحدة ... يورو سيف اللاذقية

نافذ المفعول لغاية 10/17... على أن يتم التوريد لغاية 9/12... يتم الدفع بعد تقديم

كافة المستندات اللازمة خلال أسبوعين من تاريخ شحن البضاعة.

مع فائق التقدير والإحترام

عبد الرحمن الشامي

مدير المشتريات

Stereotypische Wendungen   تعابير نمطية

Wir danken Ihnen für	نشكركم على
▶ Ihr Schreiben vom …	◀ رسالتكم المؤرخة في …
▶ Ihre Anfrage vom …	◀ استفساركم المؤرخ في …
▶ Ihr Interesse an unseren Produkten.	◀ اهتمامكم بمنتجاتنا.
Senden Sie uns bitte Ihren aktuellen Katalog, Preislisten, Zahlungs- und Liefer-bedingungen.	نرجو إرسال أحدث كتالوجاتكم وقائمة الأسعار وشروط الدفع والتوريد.
Eröffnung eines unwiderruflichen Akkreditivs bei der Handelsbank zu unseren Gunsten	فتح اعتماد غير قابل للنقض لأمرنا لدى البنك التجاري
Pro-forma-Rechnung zur Einholung einer Importlizenz	فاتورة صورية بهدف استحصال رخصة استيراد.
Unterbreiten Sie uns ein Angebot über …	قدموا لنا عرضا حول …
Unsere Preise verstehen sich FOB Rostock einschließlich seemäßiger Verpackung.	أسعارنا هي تسليم ظهر السفينة روستوك بما في ذلك تغليف يتطابق مع شروط النقل البحري.
Die Preise unseres Angebotes gelten für den Zeitraum von…	أسعار عروضنا سارية لمدة …
Wir senden Ihnen … mit getrennter Post zu.	نرسل إليكم … ببريد منفصل.
Wir hoffen, dass Sie unser Angebot an-nehmen.	نأمل أن ينال عرضنا رضاكم.
Wir freuen uns auf Ihre Bestellung.	نتطلع إلى طلبيتكم.
Wir garantieren Ihnen die sorgfältige Ausführung Ihrer Bestellung.	نعد بتنفيذ طلبيتكم بعناية تامة.
Wir möchten Sie bitten, sich genau an unsere Anweisungen zu halten.	نرجو الإلتزام التام بتعليماتنا.
Wir können gegenwärtig keinen Gebrauch von Ihrem Angebot machen.	لايمكننا الإستفادة من عرضكم في الوقت.
Auf unserem Markt besteht z. Z. keine Nachfrage nach derartigen Produkten.	لا يوجد حاليا طلب على مثل هذه المنتجات في أسواقنا.

Übungen التمارين

1. Übersetzen Sie folgendes Angebot ins Deutsche!

الموضوع / عرض

حضرات السيدات والسادة المحترمون

نود أن نتقدم إليكم بجزيل شكرنا على استفساركم المرقم 1333 والمؤرخ في
9/18/... وعلى اهتمامكم بمنتجاتنا ونقدم لكم العرض التالي:

ثلاثون غسالة كهربائية ... سعة 5 كيلوغرام 220 فولت باللون الأبيض
سعر الواحدة ... يورو
المجموع ... يورو سيف البصرة
شروط الدفع: فتح اعتماد غير قابل للنقض لأمرنا مؤيد من قبل أحد البنوك
الألمانية
مدة التوريد : يتم التوريد بعد شهرين من تاريخ استلامنا لتأييد الإعتماد

لقد أرسلنا لكم اليوم ببريد منفصل كتالوجا مصورا عن منتجاتنا الأخرى.
نأمل في استلام طلبيتكم عاجلا.

مع فائق التقدير والإحترام

---

2. Übersetzen Sie folgendes Angebot ins Arabische!

Anfrage

Sehr geehrte Damen und Herren,

vielen Dank für Ihre Anfrage und Ihr Interesse an unseren Produkten.
Wir freuen uns sehr, Ihnen folgendes Angebot zu unterbreiten:

40 Farbfernseher der Marke …	Preis pro Stück … Euro
40 Radiowecker …	Preis pro Stück … Euro

Unsere Preise verstehen sich FOB Rostock einschließlich seemäßiger
Verpackung.

Unsere Zahlungsbedingungen: Eröffnung eines unwiderruflichen Akkreditivs,
bestätigt durch eine deutsche Bank.
Lieferzeit: 7 Wochen nach Erhalt der Bestätigung des Akkreditivs.

Wir danken Ihnen nochmals für Ihre Anfrage und hoffen, Ihre Bestellung bald
zu erhalten.

Mit freundlichen Grüßen

3.   Formulieren Sie einen Brief auf Arabisch, in dem Sie

3. 1.   Ihrem arabischen Geschäftspartner ein Angebot mit entsprechenden Zahlungs- und Lieferbedingungen unterbreiten, nachdem er Sie um ein Angebot bezüglich der Lieferung von 37 Gefriertruhen vom Typ: ..., (Fassungsvermögen 300l, 220V) gebeten hat.

3. 2.   Ihrem arabischen Geschäftspartner einen Handelsrabatt von 10% gewähren, nachdem Sie von ihm einen Brief erhalten haben, in dem er zum Ausdruck bringt, dass die Preise Ihres Angebotes zu hoch sind und darum bittet, angesichts der gegenwärtigen Marktlage, ihm einen Handelsrabatt zu gewähren.

3. 3.   Ihrem arabischen Geschäftspartner ein Angebot über die Lieferung von 100 Dieselgeneratoren unterbreiten und einen aktuellen illustrierten Katalog sowie Informationen über Gewährleistung und Service zusenden.

Bestellung/Auftrag   90 / 100 / 120 / 132   طلب/طلبية

Die Bestellung enthält die genaue Auflistung der zu bestellenden Waren einschließlich ihrer technischen Parameter. Der Besteller verweist auf Datum und Referenznummer eines bestimmten Angebotes einer Firma.

Al-Sabah Agrarproduktion GmbH   Amman, den 17. August
Amman – Postfach …
Jordan

Hydrotech GmbH
Leipzig – Postfach …
Germany

Referenznummer: 212

Bestellung

Sehr geehrte Frau Kaufmann,

wir danken Ihnen für Ihr Angebot – Nr.37 und bestellen:

10 Wasserpumpen vom Typ: WP75/m
CIF Aqaba
Lieferzeit: 3 Monate

Wir möchten Sie um die Bestätigung unserer Bestellung bitten.

Mit freundlichen Grüßen

Ahmad Munif

Einkaufsleiter

Bestellung/Auftrag   91 / 101 / 121 / 133   طلب/طلبية

شركة الصباح للإنتاج الزراعي ذ. م. م
العدد: 212   عمان ـ المملكة الأردنية الهاشمية
التاريخ: 17/6/...   ص. ب رقم ...
Jordan

Hydrotech GmbH
Leipzig – PO Box …
Germany

الموضوع / طلب

حضرة السيدة كاوفمان

نشكركم على عرضكم المرقم 37 ونطلب:

عشر مضخات مياه طراز WP75L/m سيف العقبة
فترة التوريد: ثلاثة أشهر.

نرجو تأييد كم لطلبنا هذا

مع فائق التقدير والإحترام

أحمد منيف
مدير المشتريات

Bestellung / Auftrag   92 / 102 / 104 / 110 / 122 / 134   طلب/طلبية

Lebensmittel Gmbh   Damaskus, den 2. Mai
Damaskus – Postfach …
Syria

Maschinen und Anlagenbau GmbH
Leipzig – Postfach …
Germany

Referenznummer: 135

Bestellung

Sehr geehrter Herr Klein,

vielen Dank für Ihr Angebot – Nr. 37. Wie folgt bestellen wir:

3 Getreidemühlen vom Typ: GM0–2
CIF Latakia
Zahlung: Eröffnung eines unwiderruflichen Akkreditivs
Lieferzeit: 3 Monate

Wir bitten Sie um die Bestätigung des Eingangs unserer Bestellung.

Mit freundlichen Grüßen

Abdulrahman Al-Schami

Einkaufsleiter

Bestellung / Auftrag   93 / 103 / 105 / 111 / 123 / 135   طلب/طلبية

شركة الصناعات الغذائية المحدودة   العدد: 135
دمشق ـ الجمهورية العربية السورية   التاريخ: .../5/2
ص. ب رقم ...
Syria

Maschinen und Anlagenbau GmbH
Leipzig – PO Box
Germany

الموضوع / طلب

حضرة السيد كلاين المحترم

شكرا جزيلا على عرضكم المرقم 37 وبناء عليه نطلب:

ثلاث مطاحن حبوب طراز GM0-2 سيف اللاذقية
الدفع   : إعتماد غير قابل للنقض
فترة التوريد: ثلاثة أشهر

نرجو تأييد استلامكم طلبنا هذا.

مع فائق التقدير والإحترام

عبد الرحمن الشامي
مدير المشتريات

Auftragsbestätigung   90 / 100 / 116 / 132   تأييد (إستلام) طلب/طلبية

Der Lieferant bestätigt unter Angabe des Datums und der Referenznummer sowie der genauen Auflistung der Ware den Auftrag. Er kann einen Auftrag z. B. auf Grund von Lieferengpässen auch ablehnen oder ein neues Angebot mit Verweis auf Ersatzware unterbreiten.

Hydrotech GmbH   Leipzig, den 12. April
Leipzig – Postfach …
Germany

Al-Sabah Agrarproduktion
Amman – Postfach …
Jordan

Referenznummer: 312

Auftragsbestätigung

Sehr geehrter Herr Munif,

vielen Dank für Ihre Bestellung - Nr. 212, die wir wie folgt registriert haben:

10 Wasserpumpen vom Typ: WP75L/m
Preis pro Pumpe: … Euro
Preis 10 Pumpen: … Euro FOB Rostock
+ Seefracht: … Euro
+ Versicherung: … Euro
Gesamtpreis: … Euro CIF Aqaba

Zahlungsbedingungen: Unwiderrufliches Akkreditiv
Lieferbedingungen: Lieferung 5 Wochen nach Erhalt der Bestätigung des
                      Akkreditivs.

Wir werden Sie informieren, wenn die Sendung zur Verschiffung bereit steht und können Ihnen versichern, dass wir Ihren Auftrag mit äußerster Sorgfalt ausführen werden.

Mit freundlichen Grüßen

Barbara Kaufmann

Verkaufsleiterin

Auftragsbestätigung   91 / 101 / 117 / 133   تأييد (إستلام) طلب/طلبية

العدد: 312   Hydrotech GmbH
التاريخ: 12/9/...   Leipzig – PO Box …
                            Germany

شركة الصباح للإنتاج الزراعي ذ. م. م
عمان ـ الأردن
ص. ب رقم ...
Jordan

الموضوع / تأييد استلام طلبية

حضرة السيد أحمد منيف المحترم

شكرا جزيلا على طلبيتكم المرقمة 212 التي قمنا بتسجيلها كما يلي:

عشر مضخات مياه طراز WP75l/m

سعر المضخة الواحدة   ... يورو
سعر عشر مضخات   ... يورو فوب روستوك
+ الشحن البحري   ... يورو
+ التأمين   ... يورو
السعر الإجمالي   ... يورو سيف العقبة

شروط الدفع   : إعتماد غير قابل للنقض
شروط التوريد : بعد خمسة أسابيع من تاريخ استلامنا لتأييد الإعتماد

سنقوم بإعلانكم عندما تكون الإرسالية جاهزة للشحن ونؤكد لكم تنفيذنا لطلبيتكم هذه بعناية.

مع فائق التقدير والإحترام

بربرا كاوفمان
مديرة المبيعات

Auftragsbestätigung   92 / 102 / 104 / 110 / 118 / 134   تأييد (إستلام) طلب/طلبية

Maschinen und Anlagenbau GmbH   Damaskus, den 17. April
Leipzig – Postfach …
Germany

Lebensmittel GmbH
Damaskus – Postfach …
Syria

Referenznummer: 224

Auftragsbestätigung

Sehr geehrte Damen und Herren,

vielen Dank für Ihre Bestellung – Nr. 135, die wir wie folgt registriert haben:

3 Getreidemühlen vom Typ: GM40-7
Preis pro Mühle: … Euro
Preis 3 Mühlen: … Euro FOB Rostock
+ Seefracht: ... Euro
+ Versicherung: … Euro
+ Kosten für Installation und Inbetriebnahme: … Euro
Gesamtpreis: … Euro CIF Latakia

Zahlungsbedingungen: Unwiderrufliches Akkreditiv
Lieferbedingungen: Lieferung 3 Monate nach Erhalt der Bestätigung des
                      Akkreditivs

Wir möchten Ihnen nochmals für Ihre Bestellung danken und können Ihnen
versichern, dass wir Ihren Auftrag mit äußerster Sorgfalt ausführen werden.

Mit freundlichen Grüßen

Thomas Klein

Verkaufsleiter

Auftragsbestätigung 93 / 103 / 105 / 111 / 119 / 135   تأييد (إستلام) طلب/طلبية

العدد: 224
التاريخ: .../4/17...

Maschinen und Anlagenbau GmbH
Leipzig – PO Box …
Germany

شركة الصناعات الغذائية المحدودة
دمشق ـ الجمهورية العربية السورية
ص. ب رقم …
Syria

الموضوع / طلبيتكم رقم 219

حضرات السيدات والسادة المحترمون

نشكركم على طلبيتكم المرقمة 135 والتي تم تسجيلها لدينا كما يلي:

ثلاث مطاحن حبوب طراز GM0-2
سعر المطحنة الواحدة   … يورو
سعر ثلاث مطاحن   … يورو فوب روستوك
+ الشحن البحري   … يورو
+ التأمين   … يورو
+ تكاليف النصب والتشغيل   … يورو
السعر الإجمالي   … يورو سيف اللاذقية

شروط الدفع: إعتماد غير قابل للنقض
التوريد   : بعد خمسة أسابيع من تاريخ استلامنا لتأييد الإعتماد
شكرا جزيلا مرة أخرى على طلبيتكم ونعد بتنفيذها بعناية تامة.

مع فائق التقدير والإحترام

توماس كلاين
مدير المبيعات

Ablehnung einer Bestellung رفض طلبية

Ablehnung einer Bestellung

Sehr geehrte Damen und Herren,

wir müssen Ihnen leider mitteilen, dass wir Ihren Auftrag zu den von Ihnen genannten Preisen nicht ausführen können. Überdies sind wir nicht in der Lage vor September dieses Jahres zu liefern.

Wir wären sehr erfreut, wenn Sie Ihre Bestellung nochmals überprüfen könnten und freuen uns auf eine baldige Antwort.

Mit freundlichen Grüßen

Ablehnung einer Bestellung

رفض طلبية

الموضوع /رفض طلب

حضرات السيدات والسادة المحترمون

نأسف لإخباركم بأنه لايمكننا تنفيذ طلبيتكم وفق الأسعار التي ذكرتموها ومن ناحية أخرى لايمكننا توريد الأجهزة الواردة في طلبيتكم قبل شهر سبتمبر/أيلول من هذه السنة.
سنكون سعداء جدا لو قمتم بإعادة النظر في طلبيتكم ونتطلع إلى ردكم السريع.

مع فائق التقدير والإحترام

Stereotypische Wendungen   تعابير نمطية

Vielen Dank für Ihre Bestellung - Nr. ….	شكرا جزيلا على طلبكم رقم ...
Wir haben Ihre Bestellung wie folgt registriert ...	لقد قمنا بتسجيل طلبكم كما يلي ...
Wir werden Ihre Bestellung mit größter Sorgfalt ausführen.	سوف نقوم بتنفيذ طلبكم بعناية فائقة.
Die Warensendung geht an Sie als Seefracht / Luftfracht ab.	ستصلكم الإرسالية بحرا ـ عن طريق البحر/جوا ـ عن طريق الجو.
Wir werden Sie informieren, sobald die Ware zur Verschiffung bereit steht.	سنقوم بإخباركم فورا عندما تكون البضاعة جاهزة للشحن البحري.
Wir werden Ihre Anweisungen genau befolgen.	سنتقيد بتعليماتكم.
Wir haben die Warensendung wie folgt markiert:	لقد قمنا بتمريك الإرسالية كالتالي:
Die Versicherung der Ware geht zu Lasten des Käufers.	يتحمل المشتري تكاليف تأمين البضاعة.
Wir haben erfahren, dass die Bestellerfirma Konkurs angemeldet hat.	لقد علمنا أن الشركة التي طلبت البضاعة أعلنت إفلاسها.
Leider sind wir gezwungen, den Auftrag – Nr. … zu stornieren.	يؤسفنا أن نجد أنفسنا مضطرين لإلغاء الطلب رقم ...
Welchen Handelsrabatt können Sie uns gewähren?	ما هو مقدار الحسم التجاري الذي يمكنكم أن تمنحوه لنا؟
Wir können Ihnen den Auftrag erteilen, wenn Sie uns einen Handelsrabatt von 10% gewähren.	يمكننا أن نقدم لكم الطلب إذا منحتمونا حسما تجاريا بمقدار 10%
Nach sorgfältiger Prüfung Ihres Angebotes, bestellen wir folgendes ...	بعد دراسة مستفيضة لعرضكم نطلب لديكم ما يلي ...
Anbei senden wir Ihnen unsere Bestellung – Nr. … zu.	نرفق طيا طلبنا رقم ...
Bitte halten Sie sich genau an unsere Anweisungen.	نرجو التقيد بتعليماتنا.

Wir behalten uns das Recht vor, den Auftrag zu stornieren.	نحتفظ لأنفسنا بالحق في إلغاء الطلب.
Die Qualität der Ware muss unseren Mustern entsprechen.	يجب أن تطابق نوعية البضاعة نوعية نماذجنا.
Wir bestätigen Ihnen den Erhalt Ihrer Bestellung – Nr. …	نؤيد لكم استلامنا لطلبكم رقم ...

Übungen

2. Übersetzen Sie folgenden Auftrag ins Arabische!

Auftrag

Sehr geehrte Damen und Herren,

wir danken Ihnen für Ihr Angebot vom ... und bestellen 5 Tonnen Datteln der Qualität AA.

Preis pro Tonne ... Euro
CIF Rostock   ... Euro
Zahlung: Kasse gegen Dokumente
Lieferzeit: 7 Wochen

Sollte Ihre Probelieferung in Bezug auf Preise und Qualität zu unserer Zufriedenheit ausfallen, können Sie mit weiteren Bestellungen rechnen. Wir möchten Sie um die Bestätigung dieses Auftrages bitten.

Mit freundlichen Grüßen

2. Übersetzen Sie folgende Bestellung ins Deutsche!

الموضوع / طلب

حضرات السيدات والسادة المحترمون

نود أن نتقدم إليكم بجزيل الشكر على عرضكم رقم ٧٥ والمؤرخ في ٢٧/٢/... ونطلب على أساسه تزويدنا بما يلي:

٣٠ طباخا كهربائيا موديل EH12 سعر الطباخ الواحد ... يورو
٤٣ طباخا غازيا   موديل GH12 سعر الطباخ الواحد ... يورو
٥٠ مكيف هواء   موديل AC7A سعر المكيف الواحد ... يورو
سيف البصرة

الدفع   : إعتماد غير قابل للنفض
التوريد: في موعد أقصاه أواسط آذار من هذه السنة

نرجو الإنتباه إلى تغليف ثابت وتمريك: الشحنة وفق ما ورد في الرسالة طيا كما نرجو تأييد استلامكم لطلبنا هذا.

مع فائق التقدير والإحترام

3. Übersetzen Sie folgende Auftragsbestätigung ins Arabische!

Auftragsbestätigung

Sehr geehrte Damen und Herren,

vielen Dank für Ihre Bestellung Nr. 91, die wir wie folgt registriert haben:

100 Schlagbohrmaschinen vom Typ: SB07, 220V

Preis pro Bohrmaschine:	… Euro
Preis 100 Bohrmaschinen:	… Euro FOB Rostock
+ Seefracht:	… Euro
+ Versicherung:	… Euro
Gesamtpreis:	… Euro CIF Tunis

Zahlung: Kasse gegen Dokumente
Lieferzeit: 7 Wochen

Wir bedanken uns für Ihr Vertrauen und Versprechen, dass wir Ihren Auftrag mit aller Sorgfalt ausführen werden. Sobald die Bestellung versandbereit ist, werden wir Sie benachrichtigen.

Mit freundlichen Grüßen

3.   Formulieren Sie einen Brief auf Arabisch, in dem Sie zum Ausdruck bringen, dass

3. 1.   ein arabischer Geschäftspartner Ihrer Firma einen Auftrag über die Lieferung von 10 Backöfen erteilt hat. Formulieren Sie auf Arabisch eine Auftragsbestätigung, in der Sie:

- Ihre Freude über den Auftrag zum Ausdruck bringen.

- sich für sein Vertrauen bedanken.

- Ihre Zahlungs- und Lieferbedingungen nennen.

- ihm versichern, seinen Anweisungen genau Folge zu leisten.

- ihm eine sorgfältige Ausführung des Auftrages versichern.

- zum Ausdruck bringen, dass Sie Ihn informieren werden, sobald die Öfen versandbereit sind.

4.   Erteilen Sie Ihrem arabischen Lieferanten, gemäß seines Angebots vom 08. Juli einen Auftrag über die Lieferung von 2 Tonnen Ölsardinen.

Versandavis   90 / 100 / 116 / 120   إشعار بشحن البضاعة

Der Lieferant teilt dem Besteller mit, dass er die Ware versendet hat. Er macht genaue Angaben über die Anzahl, Maße, Gewicht und Beschriftung der Packstücke (Kolli) sowie deren Inhalt. Meist fügt er die Rechnung oder Rechnungskopie bei.

Hydrotech GmbH   Leipzig, den 27. Mai
Leipzig – Postfach …
Germany

Al-Sabah Agrarproduktion
Amman – Postfach …
Jordan

Referenznummer: 413

Versandavis

Sehr geehrter Herr Munif,

es freut uns sehr, Ihnen mitteilen zu können, dass wir heute die von Ihnen gewünschten 10 Wasserpumpen gemäß Ihrer Bestellung – Nr. … vom … in Rostock auf das Schiff „…" verladen haben. Das Schiff wird voraussichtlich in zwei Wochen in Latakia eintreffen. Die Warensendung besteht aus zwei Holzkisten mit je 5 Wasserpumpen, adressiert an die oben genannte Adresse.
Anbei eine Kopie der Handelsrechnung, in der alle Einzelheiten über die Warensendung angegeben sind. Wir haben die Frachtdokumente vollständig an unsere Bank zur Einlösung des Akrreditivs übergeben.

Wir hoffen, dass Sie die Sendung in gutem Zustand erreichen wird und freuen uns auf Ihre weiteren Bestellungen.

Mit freundlichen Grüßen

Barbara Kaufmann

Verkaufsleiterin

Anlagen:
Handelsrechnung

Versandavis   91 / 101 / 117 / 121   إشعار بشحن البضاعة

<table>
<tr><td>العدد: 413
التاريخ: 9/27/...</td><td>Hydrotech GmbH

Leipzig – PO Box …
Germany</td></tr>
</table>

شركة الصباح للإنتاج الزراعي ذ. م. م
عمان ـ الأردن
ص. ب رقم ...
Jordan

الموضوع / إشعار بشحن البضاعة

حضرة السيد أحمد منيف المحترم

يسعدنا أن نخبركم بأننا قمنا اليوم بشحن مضخات المياه العشر وفق طلبيتكم رقم
212 بتاريخ 6/17/... في روستوك على ظهر السفينة ... ومن المتوقع أن تصل إلى
العقبة خلال أسبوعين.
وتتألف الإرسالية من صندوقين يحتوي كل صندوق على خمس مضخات مرسلة
على العنوان المذكور أعلاه.
نرفق طيا نسخة من الفاتورة التجارية تتضمن كافة التفاصيل حول الإرسالية.
لقد قمنا بإحالة كافة مستندات الشحن إلى البنك الذي نتعامل معه لصرف مبلغ
الإعتماد.
نأمل أن تصلكم الإرسالية سالمة ويسعدنا أن نتطلع إلى المزيد من طلبياتكم.

مع فائق التقدير والإحترام

المرفقات:
نسخة من الفاتورة التجارية

بربرا كاوفمان
مديرة المبيعات

Versandavis   92 / 102 / 104 / 110 / 118 / 122   إشعار بشحن البضاعة

Maschinen und Anlagenbau – GmbH   Leipzig, den 23. Oktober
Leipzig – Postfach …
Germany

Lebensmittel GmbH
Damaskus – Postfach
Syria

Versandavis

Sehr geehrter Herr Al-Schani,

es freut uns, Ihnen mitteilen zu können, dass wir heute 3 Getreidemühlen vom
Typ: GM0–2 gemäß Ihrer Bestellung – Nr. 135 vom 02.05. in 3 Containern, 20
Fuß, in Rostock auf das Schiff „Atlantik" verladen haben. Das Schiff wird
voraussichtlich in zwei Wochen in Latakia eintreffen. Wir haben die Container
gemäß Ihren Anweisungen wie folgt markiert:

SAP1 – Damaskus – Syria
SAP2 – Damaskus – Syria
SAP3 – Damaskus – Syria

Die Frachtdokumente haben wir vollständig an unsere Bank zur Einlösung des
Akkreditivs übergeben. Anbei eine Kopie der Handelsrechnung, in der alle
Angaben über die Inhalte jedes Containers mit den entsprechenden Maßen
aufgeführt sind.

Wir hoffen, dass Sie die Sendung in gutem Zustand erreicht und möchten Sie
um eine Bestätigung bei Eintreffen bitten. Wir freuen uns auf Ihre nächste
Bestellung.

Mit freundlichen Grüßen

Thomas Klein

Verkaufsleiter

Anlagen:
Kopie der Handelsrechnung

Versandavis   93 / 103 / 105 / 111 / 119 / 123   إشعار بشحن البضاعة

Maschinen und Anlagenbau – GmbH

العدد: 319

Leipzig – PO Box …

التاريخ: .../10/23

Germany

شركة الصناعات الغذائية ذ. م. م
دمشق ـ الجمهورية العربية السورية
ص. ب رقم ...
Syria

الموضوع / إشعار بشحن البضاعة

حضرت السيد الشامي المحترم

يسرنا أن نخبركم بأننا قمنا اليوم في روستوك بشحن ثلاث مطاحن   حبوب
GM0-2 وفقا لطلبيتكم رقم 135 بتاريخ 5/2/... في ثلاث حاويات 20 قدما وذلك
على ظهر السفينة "Atlantik" ومن المتوقع أن تصل إلى اللاذقية خلال أسبوعين.
لقد قمنا بتمريك الحاويات وفقا لتعليماتكم كما يلي:

SAP1 – Damaskus – Syria
SAP2 – Damaskus – Syria
SAP3 – Damaskus – Syria

لقد قمنا بإحالة مستندات الشحن كاملة إلى البنك الذي نتعامل معه من أجل صرف
مبلغ الإعتماد ونرفق طيا نسخة من الفاتورة التجارية تتضمن كافة البيانات حول
محتويات كل حاوية وأوزانها.
نأمل أن تصلكم الإرسالية سليمة ونرجو تأييدكم لاستلامها. نتطلع بكل سرور إلى
طلبيتكم القادمة

مع فائق التقدير والإحترام

المرفقات:
نسخة من الفاتورة التجارية

توماس كلاين
مدير المبيعات

Bestätigung des Eintreffens der Ware   تأييد وصول البضاعة

Bestätigung des Eintreffens der Ware

Sehr geehrte Damen und Herren,

es freut uns, Ihnen mitteilen zu können, dass die von Ihnen in Ihrem Schreiben – Nr. … vom … angekündigte Sendung heute in einem einwandfreiem Zustand angekommen ist. Wir haben die Sendung bereits geprüft und konnten keine Mängel feststellen. Sie entspricht unserer Bestellung – Nr. ... vom … Wir danken Ihnen vielmals für die sorgfältige Durchführung unseres Auftrags. Unsere Partnerbank, die Handelsbank, haben wir bereits angewiesen, den Rechnungsbetrag auf Ihr Konto bei der Handelsbank in Deutschland zu überweisen.

Mit freundlichem Gruß

Bestätigung des Eintreffens der Ware تأييد وصول البضاعة

الموضوع / تأييد وصول البضاعة

حضرات السيدات والسادة المحترمون

يسعدنا أن نخبركم اليوم بأن الإرسالية التي أعلنتم عنها في رسالتكم المرقمة ...
والمؤرخة في ... وصلت سالمة وقد تأكد لنا أثناء المعاينة أن الإرسالية خالية من
كل عيب وتتطابق تماما مع طلبيتنا المرقمة ... والمؤرخة في ... فلكم جزيل
الشكر على تنفيذ طلبيتنا بهذه العناية الفائقة.
لقد أوعزنا إلى البنك الذي نتعامل معه ـ البنك التجاري ـ بتحويل مبلغ الفاتورة
على رصيدكم لدى البنك التجاري في لايبزك.

مع فائق التقدير والإحترام

Mahnung wegen Lieferverzögerung   إخطار بسبب تأخر وصول البضاعة

Mahnung wegen Lieferverzögerung

Sehr geehrte Damen und Herren,

wir haben bei Ihnen die Bestellung – Nr. 37 vom 10.05. über die Lieferung von 30 Kopiergeräten des Typs: CG5A in Auftrag gegeben. Gemäß der Auftragsbestätigung – Nr. 149 vom 27.07., sollten die Geräte gestern am … geliefert werden. Bis jetzt haben wir die Geräte nicht erhalten. Da wir diese Geräte dringend benötigen, um unseren Verpflichtungen gegenüber unseren Kunden nachzukommen, bitten wir Sie alle notwendigen Schritte einzuleiten, um die Lieferung zu beschleunigen. Wir legen die Frist für die Lieferung auf den 11.09. fest. Ansonsten behalten wir uns das Recht vor, den Auftrag zu annulieren und Sie für die uns entstandenen Schäden, die sich aus dem nicht termingerechten Eintreffen der Ware ergeben, verantwortlich zu machen.

Mit freundlichen Grüßen

Mahnung wegen Lieferverzögerung   إخطار بسبب تأخر وصول البضاعة

الموضوع / إخطار بسبب تأخر وصول البضاعة

حضرات السيدات والسادة المحترمون

لقد سبق لنا وأن تقدمنا لكم بطلبيتنا المرقمة 37 والمؤرخة في 5/10... حول توريد 30 جهاز استنساخ موديل CG5A. وكان من المفروض وفق تأييدكم لطلبيتنا المرقمة 149 والمؤرخة في 7/27... أن يتم توريد الأجهزة في ... الأمر الذي لم يحصل لحد الآن. وبما أننا بحاجة ماسة إلى هذه الأجهزة بغية تنفيذ التزاماتنا تجاه زبائننا نرجو اتخاذ كافة الإجراءات اللازمة للتسريع في التوريد. ونقترح الحادي عشر من شهر سبتمبر كموعد أقصى لتنفيذ طلبيتنا. وبعكسه نحتفظ لأنفسنا بالحق في إلغاء الطلبية وتحميلكم مسؤولية ما يلحق بنا من خسائر جراء عدم وصول الأجهزة في هذا الموعد.

مع فائق التقدير والإحترام

**Antwort auf Mahnung wegen
Lieferverzögerung**

رد على إخطار بسبب تأخر وصول البضاعة

Mahnung wegen Lieferverzögerung

Sehr geehrte Damen und Herren,

wir bedauern es sehr, dass wir nicht in der Lage waren, Ihre Bestellung – Nr. 37 vom 10.05. fristgemäß durchzuführen. Dies war kein Verschulden unsererseits. Durch die Streiks in den vergangenen drei Wochen konnten uns einige Zulieferfirmen nicht mit den notwendigen Elektronikteilen für die Produktion unserer Geräte versorgen.

Dennoch können wir Ihnen versichern, dass wir den Auftrag zu der von Ihnen festgelegten Frist mit aller Sorgfalt erledigen werden. Wir möchten uns für die Ihnen entstandenen Unannehmlichkeiten entschuldigen und hoffen auf Ihr Verständnis.

Mit freundlichen Grüßen

Eduard Schulz
Verkaufsleiter

رد على إخطار بسبب تأخر وصول البضاعة

الموضوع / إخطار بسبب تأخر وصول البضاعة

حضرات السيدات والسادة المحترمون

يؤسفنا جدا أننا لم نكن في وضع يمكننا من تنفيذ طلبيتكم المرقمة 37 والمؤرخة في 5/10... في الموعد المتفق عليه وذلك لأسباب خارجة عن إرادتنا تماما فقد اجتاحت الإضرابات العمالية خلال الأسابيع الثلاثة الماضية بعض المؤسسات التي تقوم بتزويدنا بالقطع الإلكترونية اللازمة لانتاج أجهزتنا. بيد أننا نؤكد لكم تنفيذ طلبيتكم في الموعد الذي اقترحتموه بكل عناية. ونقدم لكم اعتذارنا عما لحق بكم من متاعب ونأمل أن نبقى عند حسن ضنكم.
تقبلو رجاء فائق تقديرنا واحترامنا.

مع فائق التقدير والإحترام

إدوارد شولتز
مدير المبيعات

Reklamation wegen
Beschädigung eines Teiles der Ware

شكوى بسبب تلف جزء من البضاعة

Reklamation

Sehr geehrte Damen und Herren …,

hiermit bestätigen wir Ihnen den Erhalt unserer Bestellung – Nr. 111 vom 27.02.
über die Lieferung von 75 Klimaanlagen vom Typ: AGS1. Leider müssen wir
Ihnen mitteilen, dass wir bei der Kontrolle der Sendung festgestellt haben, dass
7 Anlagen an der Vorderseite Schrammen und 5 Anlagen an der rechten Seite
Beulen aufweisen. Wir haben den Gutachter unserer Versicherung mit der
Schätzung des Schadens beauftragt. Er hat Fotos von den beschädigten Anlagen
gemacht und ein Gutachten angefertigt, das wir beifügen. Wie Sie den Fotos
entnehmen können, wird es schwierig werden, diese Anlagen zu verkaufen. Aus
diesem Grund schlagen wir Ihnen vor, diese entweder auszutauschen oder einen
Nachlass von 30% zu gewähren. Wir werden die beschädigten Anlagen bis zu
Ihrer Entscheidungsfindung behalten.

Mit freundlichem Gruß

Anlagen:
Kopie des Versicherungsgutachters

Reklamation wegen
Beschädigung eines Teiles der Ware

شكوى بسبب تلف جزء من البضاعة

الموضوع / شكوى بسبب تلف جزء من البضاعة

حضرات السيدات والسادة المحترمون

نؤيد لكم بذا استلام طلبيتنا المرقة 111 والمؤرخة في 2/27/... حول توريد 75 مكيفة هواء موديل AGS1 ويؤسفنا أن نحيطكم علماً بأننا اكتشفنا عند معاينة الإرسالية أن 7 مكيفات مصابة بخدوش في واجهاتها الأمامية و5 مكيفات مطعوجة في الناحية اليمنى وقمنا باستدعاء وكيل شركة التأمين التي تتعاملون معها لتقييم حجم الأضرار حيث قام بتصوير المكيفات المتضررة وأعد تقريرا بذلك طيا نرفق نسخة منه. وكما تعرفون سيكون من الصعب جدا تصريف هذه المكيفات بهذه الصورة لذا نقترح عليكم إما استبدالها أو تخفيض أسعارها بمقدار 30%. إننا سوف نحتفظ بالمكيفات المتضررة لغاية إطلاعنا على قراركم.

مع فائق التقدير والإحترام

المرفقات:
نسخة من تقرير خبير شركة التأمين

Antwort auf Reklamation wegen
Beschädigung eines Teiles der Ware

رد على شكوى بسبب تلف جزء من البضاعة

Reklamation

Sehr geehrte Damen und Herren,

in Beantwortung Ihres Briefes vom …, der Ihre Reklamation der beschädigten Klimaanlagen enthält, möchten wir uns für die entstandenen Schäden entschuldigen, können jedoch kein Verschulden unsererseits feststellen, da der Bericht der Qualitätskontrolle unseres Betriebs bestätigt, dass die Anlagen das Werk in einwandfreiem Zustand verlassen haben. Nach Kenntnisnahme des Versicherungsgutachters und in Abstimmung mit unserer Versicherung stimmen wir Ihrem Vorschlag zu und gewähren Ihnen einen Preisnachlass für die beschädigten Anlagen in Höhe von 30%. Anbei eine neue Rechnung, in der der Preisnachlass berücksichtigt ist.

Wir möchten Ihnen nochmals unser Bedauern über die entstandenen Unannehmlichkeiten ausdrücken und hoffen, mit Ihrem Vertrauen weiterhin rechnen zu können.

Mit freundlichem Gruß

Anlagen:
Neue Handelsrechnung

Antwort auf Reklamation wegen Beschädigung eines Teiles der Ware

رد على شكوى بسبب تلف جزء من البضاعة

الموضوع / شكوى بسبب تلف جزء من البضاعة

حضرات السيدات والسادة المحترمون

ردا على رسالتكم المؤرخة في ... والمتضمنة اعتراضكم على المكيفات التي لحق بها الضرر نؤكد لكم أسفنا واعتذارنا عما نجم من أضرار خارجة تماما عن إرادتنا حيث أن تقرير مراقبة النوعية في شركتنا يفيد بأن المكيفات غادرت المصنع وهي بحالة سليمة تماما. وبعد الإطلاع على تقرير خبير شركة التأمين واستشارة شركة التأمين المتعاقدة معنا نعلن موافقتا على اقتراحكم بتنزيل أسعار المكيفات المتضررة بمقدار 30 %. نرفق طيا فاتورة جديدة تتضمن تخفيض أسعار المكيفات المتضررة الإثنتي عشرة بعد إسقاطها من الفاتورة الأصلية. نأسف مرة أخرة لما لحق بكم من متاعب ونرجو أن نظل عند حسن ضنكم.

مع فائق التقدير والإحترام

المرفقات:
فاتورة تجارية جديدة

Stereotypische Wendungen تعابير نمطية

Gestatten Sie uns, Sie darauf aufmerksam zu machen, dass Zahlung der Rechnung am … fällig wird.	إسمحوا لنا أن نشير إلى أن فاتورة الحساب مستحقة الدفع في …
Folgendes wurde beim Transport beschädigt.	لقد تعرضت المواد التالية للضرر أثناء النقل.
Selbstverständlich kommen wir für den Ihnen entstandenen Schaden auf.	من البديهي أن نتحمل مسؤولية ما لحق بكم من أضرار.
Es freut uns, Ihnen mitteilen zu können, dass die Ware unversehrt angekommen ist.	يسعدنا أن نخبركم بأن البضاعة وصلت سالمة.
Die Ware befindet sich in einem einwandfreien Zustand.	البضاعة خالية من كل عيب.
Bei der Kontrolle der Ware, mussten wir feststellen, dass ein Teil beschädigt ist.	لقد تبين لنا أثناء المعاينة أن جزءا من البضاعة تعرض للتلف.
Der Schaden geht auf die schlechte Verpackung zurück.	يعود سبب تلف البضاعة إلى التغليف السيء.
Wir sind bereit, die Ware zu behalten, wenn Sie uns einen Nachlass von 20% gewähren.	نحن مستعدون للإحتفاظ بالبضاعة لو منحتمونا خصما مقداره 20%.
Wir hoffen, dass unsere Aufträge in Zukunft sorgfältiger ausgeführt werden.	نأمل أن يتم تنفيذ طلبياتنا في المستقبل بعناية أكبر.
Wir bedauern, Ihnen mitteilen zu müssen, dass die Ware beschädigt ist.	يؤسفنا أن نخبركم بأن البضاعة متضررة.
Die Ware sollte am … eintreffen.	كان من المفروض أن تصل البضاعة في …
Wir behalten uns das Recht vor, den Auftrag zurückzuziehen.	نحتفظ لأنفسنا بالحق في إلغاء الطلبية.
Wir bedauern es sehr, dass die Ware nicht zum vereinbarten Termin geliefert wurde.	يؤسفنا جدا عدم وصول البضاعة في الموعد المتفق عليه.
Wir bitten um Entschuldigung.	نرجو قبول اعتذارنا.

Wir bestätigen Ihnen den Erhalt unserer Bestellung – Nr. ... vom ...	نؤيد لكم استلام طلبيتنا المرقمة ... والمؤرخة في ...
Wir schlagen den 11. dieses Monats als Liefertermin vor.	نقترح الحادي عشر من هذا الشهر كموعد أقصى لتوريد الطلبية.
Die Sendung entspricht den Mustern, die Sie uns zugesandt haben.	تتطابق الإرسالية مع النماذج التي أرسلتموها لنا.
Wir möchten Sie daran erinnern, Ihrer Zahlungsverpflichtung nachzukommen.	نذكركم بوجوب تسديد ما لنا بذمتكم.
Wir werden rechtliche Schritte gegen Sie einleiten.	سوف نتخذ كافة الخطوات القانونية بحقكم.
Wir bitten Sie, die Unannehmlichkeiten zu entschuldigen, die Ihnen entstanden sind.	نرجو الإعتذار عما لحق بكم من متاعب.
Wir hoffen auf Ihr Verständnis.	نرجو أن نظل عند حسن ظنكم.
Wir danken Ihnen für Ihr Vertrauen.	نعتز بثقتكم الغالية.

1. Übersetzen Sie folgenden Brief ins Arabische!

Erhalt der Ware

Sehr geehrte Damen und Herren,

hiermit bestätigen wir den Erhalt von 32 Kartons verschiedener Sorten Marmelade, je 24 Gläser (Bestellung – Nr. 212 vom 27.02.). Jedoch mussten wir feststellen, dass Sie statt 37 nur 32 Kartons geliefert haben.

Wir bitten Sie deshalb, die fehlende Menge umgehend nachzuliefern.

Mit freundlichen Grüßen

---

2. Übersetzen Sie folgenden Brief ins Deutsche!

الموضوع / تأييد وصول البضاعة

حضرات السيدات والسادة المحترمون

نؤيد شاكرين استلام البضاعة التي كنا قد طلبناها في طلبيتنا المرقمة 197 والمؤرخة في ٧/٣١ ... وهي خالية من كل عيب وتتطابق تماما مع النماذج التي أرسلتموها إلينا. نشكركم على تنفيذكم لطلبيتنا هذه بمثل هذه السرعة والعناية ونحيطكم علما بأننا قمنا اليوم بتحويل مبلغ الحساب على رصيدكم لدى البنك التجاري في مدينة لايبزك. سوف نتقدم إليكم بطلبيات لاحقة كلما احتجنا إلى هذه البضاعة.

مع فائق التقدير والإحترام

3. Übersetzen Sie folgende Reklamation ins Arabische!

Antwort auf Reklamation

Sehr geehrte Damen und Herren,

hiermit bestätigen wir den Erhalt Ihrer Reklamation vom 05.07. Wir bedauern, dass Sie einen Teil der Ware beschädigt erhalten haben und möchten Ihnen deshalb anbieten, einen Rabatt von 30% für die beschädigte Ware zu gewähren.

Wir entschuldigen uns nochmals und bitten um Ihr Verständnis.

Mit freundlichen Grüßen

3.   Formulieren Sie einen Brief auf Arabisch, in dem Sie zum Ausdruck bringen, dass

3. 1.   Ihre Firma   bei der „Klimatech GmbH" 85 Ventilatoren   bestellt hat, aber beim
        Auspacken festgestellt wurde, dass 5 Ventilatoren Kratzer aufweisen und 3 eingebeult
        sind, weshalb Sie um Ersatzlieferung oder einen Preisnachlass von …% bitten.

3. 2.   Sie bei der Firma „Landtech GmbH" diverse   Ersatzteile bestellt haben, aber der
        vereinbarte Liefertermin gemäß der Auftragsbestätigung nicht eingehalten wurde,
        weshalb sie jetzt eine Mahnung wegen Lieferverzögerung schicken müssen.

3. 3.   Sie die Ware gemäß Ihrer Bestellung vom … erhalten haben und

   • die Ware in einwandfreiem Zustand ist, weshalb

   • Sie sich für die schnelle und sorgfältige Ausführung Ihrer Bestellung bedanken und

   • Ihre Bank damit beauftragt haben, den fälligen Rechnungsbetrag zu überweisen.

Zahlungserinnerung   تذكير بتسديد الحساب
1. Mahnung   الإخطار الأول

---

25. März

Referenznummer: 6

Mahnung

Sehr geehrte Damen und Herren,

gestatten Sie uns, Sie darauf aufmerksam zu machen, dass Sie unsere Rechnung
– Nr. 12 vom 03.02. nicht beglichen haben. Wir bitten Sie daher, den ausstehen-
den Betrag umgehend zu überweisen.

Sollten Sie die Rechnung inzwischen beglichen haben, bitten wir Sie, dieses
Schreiben als gegenstandslos zu betrachten.

Mit freundlichen Grüßen

Anlagen:
Rechnungskopie

Zahlungserinnerung   تذكير بتسديد الحساب

1. Mahnung   الإخطار الأول

العدد: 6

التاريخ: 3/25/...

الموضوع / إخطار

حضرات السيدات والسادة المحترمون

إسمحوا لنا أن نسترعي انتباهكم الكريم إلى أنه قد فاتكم تسديد فاتورة حسابنا المرقمة 12 والمؤرخة في 2/3/... سنكون شاكرين جدا لو تفضلتم بتسديد المبلغ في أول فرصة تسنح لكم وفي حالة تسديدكم للحساب في غضون ذلك نرجو اعتبار هذه الرسالة لاغية.

مع فائق التقدير والإحترام

المرفقات:

نسخة من الفاتورة

2. Mahnung   الإخطار الثاني

                                                                    ..., den 07. April

Referenznummer: 15

2. Mahnung

Sehr geehrte Damen und Herren,

bezugnehmend auf unser Schreiben vom 25.03. erinnern wir Sie heute abermals an unsere Rechnung – Nr. 12 vom 03.02. und fordern Sie auf, Ihrer Zahlungsverpflichtung so schnell wie möglich nachzukommen, damit wir unsere finanziellen Verpflichtungen gegenüber anderen erfüllen können.

Mit freundlichen Grüßen

---

2. Mahnung الإخطار الثاني

العدد: 15
التاريخ: 4/7/...

الموضوع / الإخطار الثاني

حضرات السيدات والسادة المحترمون

عطفا على رسالتنا المرقمة 6 والمؤرخة في 3/25 نذكركم مرة أخرى بأنكم لم تسددوا بعد فاتورة حسابنا المرقمة 12 والمؤرخة في 2/3/... لذا نطلب مجددا تسديد ما بذمتكم لنا بأسرع وقت ممكن لكي نتمكن من تنفيذ التزاماتنا المالية تجاه الآخرين.

مع فائق التقدير والإحترام

3. und letzte Mahnung   الإخطار الثالث والأخير

···, den 27. April

Referenznummer: 138

3. und letzte Mahnung

Sehr geehrte Damen und Herren,

wir haben Sie bereits in zwei Briefen, dem ersten vom 25.03. und dem zweiten
vom 07.04., aufgefordert, Ihrer Zahlungsverpflichtung nachzukommen. Bis jetzt
ist dies nicht erfolgt. Sie haben sich auch keine Mühe gemacht, die beiden
Briefe zu beantworten. Deshalb bleibt uns keine andere Wahl, als den 30. dieses
Monats als letzte Frist für die Begleichung des Rechnungsbetrages festzusetzen.
Andernfalls sehen wir uns gezwungen, unseren Anwalt damit zu beauftragen,
rechtliche Schritte gegen Sie einzuleiten, um den Betrag einziehen zu lassen.

Mit freundlichem Gruß

3. und letzte Mahnung الإخطار الثالث والأخير

العدد: 138
التاريخ: 4/21/...

الموضوع / الإخطار الثالث والأخير

حضرات السيدات والسادة المحترمون

لقد سبق لنا وأن ذكرناكم برسالتين الأولى بتاريخ 3/25 والثانية بتاريخ 4/7 بوجوب تسديد ما لنا بذمتكم ولكنكم لم تحركوا ساكنا لحد هذه اللحظة ولم تحملوا أنفسكم حتى عناء الرد على هاتين الرسالتين لذا فلم يعد أمامنا سوى تحديد الثلاثين من هذا الشهر كموعد أقصى لتسديد مبلغ الحساب وبعكسه سنجد أنفسنا مضطرين للطلب إلى محامينا اتخاذ كافة الخطوات القانونية بحقكم في سبيل استحصال المبلغ.

مع فائق التقدير والإحترام

Antwort auf Mahnung رد على الإخطار

Begleichung der Rechnung

Sehr geehrte Damen und Herren,

wir bedauern, Ihnen mit der verzögerten Begleichung Ihrer Rechnung – Nr. … vom … Unannehmlichkeiten bereitet zu haben. Grund dafür war die Abwesenheit unseres Hauptbuchhalters, der sich im Ausland medizinisch behandeln lassen musste. Wir freuen uns, Ihnen heute mitteilen zu können, dass wir den Rechnungsbetrag vollständig beglichen haben.

Wir möchten Ihnen nochmals unser Bedauern ausdrücken und versichern Ihnen, dass solch eine Verzögerung in Zukunft nicht mehr vorkommen wird. Wir danken Ihnen für Ihr Vertrauen und verbleiben in der Hoffnung auf Ihr Verständnis.

Mit freundlichen Grüßen

Antwort auf Mahnung   رد على الإخطار

الموضوع / تسديد الحساب

حضرات السيدات والسادة المحترمون

نأسف تماما لما سببناه لكم من متاعب بسبب تأخير تسديدنا لحسابكم المرقم ...
ويعود مجمل الأمر إلى أن مدير حسابات شركتنا كان متواجدا في الخارج بغية
تناول العلاج ويسعدنا اليوم أن نخبركم بأننا قمنا بتسديد مبلغ الحساب كاملا.
نأسف مرة أخرى ونرجو قبول اعتذارنا ونعدكم بألا يتكرر هذا التأخير مستقبلا.
نرجو أن نظل عند حسن ضنكم ونعتز بثقتكم الغالية.

مع فائق التقدير والإحترام

Angebot einer Vertretung   162 / 164 / 166 / 168 / 170   عرض وكالة

Elektrotech GmbH   Leipzig, den 15. Juli
Leipzig – Postfach …
Germany

Syrische Handelskamme
Damaskus – Postfach …
Syria

Referenznummer: 227

Angebot einer Vertretung

Sehr geehrte Damen und Herren,

wir sind eine der führenden Firmen für elektrische Haushaltsgeräte in
Deutschland und suchen einen Vertreter, der unsere Produkte auf dem syrischen
Markt vertreibt. Die Vertretung kann auf den libanesischen und jordanischen
Markt ausgeweitet werden.

Wir wären Ihnen sehr dankbar, wenn Sie die in Ihrer Kammer eingetragenen
Firmen von unserem Wunsch in Kenntnis setzten.

Mit freundlichen Grüßen

Jörg Hoffmann

Verkaufsleiter

Angebot einer Vertretung   163 / 165 / 167 / 169 / 172   عرض وكالة

Elektrotech GmbH   العدد: 227
Leipzig – PO Box …   التاريخ: .../7/15
Germany

إتحاد الغرف التجارية السورية
دمشق ـ الجمهورية العربية السورية
ص. ب رقم ...
Syria

الموضوع / عرض وكالة

حضرات السيدات والسادة المحترمون

نحن من كبريات الشركات المتخصصة في انتاج الأجهزة الكهربائية المنزلية في
الأسواق الألمانية نبحث عن وكيل يتولى مهمة تصريف منتجاتنا في الأسواق
السورية وستكون الوكالة قابلة للتوسيع لتشمل لبنان والأردن.
سنكون شاكرين جدا لو تفضلتم بإطلاع الشركات التجارية المسجلة في اتحادكم
على رغبتنا هذه.

مع فائق التقدير والإحترام

يورك هوفمان
مدير المبيعات

Bewerbung um eine Vertretung   160 / 164 / 166 / 168 / 170   طلب وكالة

Al-Najah Import&Export GmbH   Damaskus, den 08. August
Damaskus – Postfach …
Syria

Elektrotech GmbH
Leipzig – Postfach …
Germany

Referenznummer: 228

Bewerbung um eine Vertretung

Sehr geehrte Damen und Herren,

wir haben soeben von der Handelskammer in Damaskus erfahren, dass Sie auf
der Suche nach einem Vertreter für den Vertrieb Ihrer elektronischen Produkte
in der S.A.R. sind. Da unsere Firma alle in der Anzeige erwähnten Bedingungen
erfüllt, möchten wir Ihnen unser Interesse an der Vertretung bekunden. Wir
haben eine ausgezeichnete Reputation auf dem syrischen Markt, weil wir seit
mehr als 20 Jahren im Großhandel tätig sind. Außerdem verfügt unsere Firma
über technisches Fachpersonal im Bereich der Wartung und Reparatur.

Die Handelsbank in Damaskus ist gern bereit, Ihnen Auskünfte über unsere
Firma zu erteilen.

In der Hoffnung auf eine baldige Antwort, verbleiben wir mit besten Grüßen

Hamid Madjid

Generaldirektor

العدد: 228   شركة النجاح للتجارة والإستيراد ذ. م. م
التاريخ: /8/8...   دمشق ـ الجمهورية العربية السورية
ص. ب رقم ...
Syria

Elektrotech GmbH
Leipzig – PO Box …
Germany

الموضوع / طلب وكالة

حضرات السيدات والسادة المحترمون

لقد علمنا توا من غرفة تجارة دمشق بأنكم تبحثون عن وكيل لتصريف منتجاتكم
الكهربائية في الجمهورية العربية السورية. وبما أن شركتنا تستوفي كافة الشروط
الواردة في إعلانكم إضافة إلى ما تتمتع به من شهرة طيبة في الأسواق السورية
وخبرة تزيد على عشرين عاما في تجارة الجملة وإلى ما تتمتع به شركتنا من
طاقم فني متخصص في الإدامة والتصليح نود هنا أن نسترعي انتباهكم الكريم
إلى اهتمامنا البالغ بالحصول على هذه الوكالة.
إن البنك الذي نتعامل معه / البنك التجاري ـ دمشق / مستعد للرد على كافة
استفساركم حول وضعنا المالي.
على أمل الحصول على ردكم السريع نتمنى لكم أسعد الأوقات.

مع فائق التقدير والإحترام

حميد مجيد
المدير العام

Anfrage an Bank über
finanzielle Situation einer Firma   **160 / 162 / 166 / 168 / 170**

إستفسار عن الوضع المالي لشركة لدى البنك

Elektrotech GmbH   Leipzig, den 05. November
Leipzig – Postfach …
Germany

Handelsbank
Damaskus - Postfach
Syria

Referenznummer: 1512

Anfrage

Sehr geehrte Damen und Herren,

die Al-Nadjah Handel&Import GmbH – Damaskus möchte uns auf dem
syrischen Markt vertreten und hat Ihre Bank als Referenz genannt. Aus diesem
Grunde möchten wir Sie bitten, uns die notwendigen Informationen über die
finanzielle Lage und die Kreditwürdigkeit dieser Firma zukommen zu lassen.
Das würde uns die Entscheidung bei der Vergabe der Vertretung erleichtern.

Wir danken Ihnen im Voraus und versichern Ihnen, dass wir die Informationen
vertraulich behandeln werden.

Mit freundlichen Grüßen

Jörg Hoffmann

Verkaufsleiter

Anfrage an Bank über   إستفسار عن الوضع المالي لشركة لدى البنك
finanzielle Situation einer Firma   **161 / 163 / 167 / 169 / 172**

العدد: 1512   Elektrotech GmbH
التاريخ: 11/5/...   Leipzig – PO Box …
                                 Germany

البنك التجاري
دمشق ـ الجمهورية العربية السورية
ص. ب رقم ...
Syria

الموضوع / إستفسار عن شركة

حضرات السيدات والسادة المحترمون

لقد تقدمت شركة النجاح للتجارة والإستيراد ذ.م.م ـ دمشق بطلب للحصول على
وكالة لتمثيلنا في الأسواق السورية وذكرت بنككم كمرجع لذا نتقدم إليكم راجين
التفضل بتزويدنا بالمعلومات الضرورية عن الوضع المالي لهذه الشركة وعن
مدى إئتمانيتها لكي يتسنى لنا البت في إناطة الوكالة بها.
نشكركم سلفا ونؤكد لكم بأننا سوف نتعامل مع هذه المعلومات بسرية تامة.

مع فائق التقدير والإحترام

يورك هوفمان
مدير المبيعات

Auskunft der Bank über
finanzielle Situation der Firma   رد على طلب معلومات حول الوضع المالي لشركة

160 / 162 / 164 / 168 / 170

Handelsbank   Damaskus, den 28. November
Damaskus – Postfach …
Syria

Elektrotech GmbH
Leipzig – Postfach …
Germany

Referenznummer: 1512

Auskunft

Sehr geehrte Damen und Herren,

bei der Firma, nach der Sie sich erkundigen, handelt es sich um eine
Handelsfirma, die Elektrogeräte und Anlagen auf dem syrischen Markt
vertreibt. Ihr Stammkapital beträgt ... syrische Lira (... Euro). Sie verfügt über
eine Belegschaft von ... Mitarbeitern und genießt eine gute Reputation auf dem
syrischen Markt. Im vergangenen Jahr betrug der Umsatz dieser Firma ...
syrische Lira (... Euro). Ihre Außenstände liegen im Rahmen. Sie kommt ihren
finanziellen Verpflichtungen termingerecht nach.

Wir bitten um die vertrauliche Behandlung dieser Auskunft, für die wir keine
Haftung übernehmen.

Mit freundlichem Gruß

Mumtaz al-Atrasch

Leiter der Kreditabteilung

Auskunft der Bank über   رد على طلب معلومات حول الوضع المالي لشركة

finanzielle Situation einer Firma   161 / 163 / 165 / 169 / 172

البنك التجاري   العدد: 1512

دمشق ـ الجمهورية العربية السورية   التاريخ: 11/28/...

ص. ب رقم ...

Syria

Elektrotech GmbH

Leipzig – PO Box ...

Germany

الموضوع / إستفسار عن شركة

حضرات السيدات والسادة المحترمون

إن الشركة التي تودون الإستفسار عنها هي شركة تجارية تقوم بتصريف الأجهزة والمعدات الكهربائية في الأسواق السورية وبيلغ رأسمالها الثابت ... ليرة سورية أي ما يعادل ... يورو ويبلغ عدد العاملين فيها ... شخصا وتتمتع بشهرة طيبة في الأسواق السورية.

لقد بلغت مبيعات هذه الشركة في السنة الماضية ... ليرة سورية أي ما يعادل ... يورو أما بالنسبة لديونها الخارجية فهي في إطار سليم وتقوم بتسديد التزاماتها المالية في موعدها.

نرجو التعامل مع هذه المعلومات بسرية ولا نتحمل أية مسؤلية تترتب على ذلك.

مع فائق التقدير والإحترام

ممتاز الأطرش

مدير القروض

Einladung eines Vertreters   160 / 162 / 164 / 166 / 170   دعوة وكيل

Elektrotech GmbH   Leipzig, den 22. August
Leipzig – Postfach …
Germany

Al-Najah Import&Export GmbH
Damaskus – Postfach …
Syria

Referenznummer: 229

Einladung

Sehr geehrter Herr Madjid,

dankend haben wir Ihren Brief – Nr. 228 vom 08.08. erhalten und freuen uns,
Sie zu uns nach Leipzig einzuladen, um mit Ihnen über die Regelung der
Vertretung zu beraten. Wir sind bereit, die Kosten für Reise und Aufenthalt zu
übernehmen.

Wir bitten Sie, alle für den Abschluss des Vertreter-Vertrags notwendigen
Unterlagen mitzubringen. Desgleichen bitten wir Sie, uns so schnell wie
möglich den Termin Ihrer Ankunft mitzuteilen, damit wir alles Notwendige
veranlassen können.

Mit freundlichen Grüßen

Jörg Hoffmann

Verkaufsleiter

Einladung eines Vertreters   161 / 163 / 165 / 167 / 172   دعوة وكيل

العدد: 229   Elektrotech GmbH
التاريخ: 22/8/...   Leipzig – PO Box …
                                             Germany

شركة النجاح للتجارة والإستيراد ذ. م. م
دمشق ـ الجمهورية العربية السورية
ص. ب رقم ...
Syria

الموضوع / دعوة

حضرة السيد حميد مجيد المحترم

إستلمنا شاكرين رسالتكم المرقمة 228 والمؤرخة في 8/8/... ويسعدنا دعوتكم
لزيارتنا في لايبزك للتشاور في ترتيبات إناطة الوكالة بكم وإننا مستعدون لتحمل
مصاريف السفر والإقامة.
نرجو جلب كافة المستندات الخاصة بالتوصل إلى عقد الوكالة كما نرجو إشعارنا
بأسرع وقت ممكن بموعد وصولكم ليتسنى لنا إتخاذ ما يلزم.

مع فائق التقدير والإحترام

يورك هوفمان
مدير المبيعات

Vertretervertrag   160 / 162 / 164 / 166 / 168   عقد وكالة

Zwischen der Elektrotech GmbH , im Folgenden „Elektrotech" genannt, und Herrn Hamid Madjid, syrischer Staatsangehöriger, wohnhaft in Damaskus, Straße … S.A.R., Pass-Nr. …, im Folgenden Vertreter genannt, wird folgender Vertretervertrag abgeschlossen:

-1-

Elektrotech überträgt dem Vertreter die Exklusivrechte des Vertriebs der Produkte der Elektrotech auf dem gesamten syrischen Markt. Es wird vereinbart, bei Erfolg des Vertreters die Vertretung auf den jordanischen und libanesischen Markt auszuweiten.

-2-

Elektrotech gewährt dem Vertreter eine Provision von 10% auf jedes verkaufte Produkt und 5% auf Bestellungen, die der Kunde direkt an Elektrotech richtet.

-3-

Elektrotech stellt dem Vertreter die für den Vertrieb der Produkte notwendigen Werbemittel inklusive Preisliste und Muster kostenlos zur Verfügung.

-4-

Dieser Vertrag gilt für die Dauer von zwei Jahren ab dem heutigen Tag und verlängert sich automatisch um weitere zwei Jahre, wenn nicht eine der beiden Parteien ihn schriftlich drei Monate vor dessen Ablauf kündigt.

-5-

Über die Ausweitung der Vertretung auf den jordanischen bzw. libanesischen Markt wird nach Ablauf von zwei Jahren ab Vertragsunterzeichnung entschieden.

-6-

Die Provision wird quartalsweise (alle drei Monate) abgerechnet.

-7-

Elektrotech verpflichtet sich während der Dauer des Vertrages, keinen anderen Vertreter für den syrischen Markt zu ernennen und der Vertreter seinerseits verpflichtet sich, keine Firmen, die die gleichen oder ähnlichen Produkte wie die der Elektrotech herstellen, zu vertreten.

-8-

Die vertragsschließenden Parteien erklären sich mit den Klauseln dieses Vertrages einverstanden und unterschreiben ihn persönlich.

Dieser Vertrag wird in je drei Originalen in Deutsch und Arabisch aus-gefertigt.
Jede Partei erhält je eine Ausfertigung.
Rechtsverbindlich ist die deutsche Fassung.

Ein Exemplar verbleibt beim Notar.
Gerichtsstand ist Leipzig.

Leipzig, den 20. Dezember

Unterschrift der Parteien: …
Unterschrift des Notars: …
Unterschrift der Zeugen: …

Vertretervertrag   161 / 163 / 165 / 167 / 169   عقد وكالة

تم الإتفاق بين شركة إلكتروتك (Elektrotech) ويشار إليها لاحقا ب (إلكتروتك) وبين السيد حميد مجيد، سوري الجنسية، محل الإقامة دمشق ـ شارع ... الجمهورية العربية السورية، رقم الجواز ... ويشار إليه لاحقا ب (الوكيل) على العقد التالي:

-1-

تمنح إلكتروتك الوكيل حق امتياز تصريف منتجات إلكتروتك في الأسواق السورية. وتم الإتفاق على توسيع الوكالة لتشمل الأسواق الأردنية واللبنانية في حالة نجاح الوكيل في نشاطه التجاري.

-2-

تمنح إلكتروتك الوكيل عمولة مقدارها 10% (عشرة بالمئة) على كل منتوج يبيعه الوكيل و5% (خمسة بالمئة) على الطلبات التي يرسلها الزبائن مباشرة إلى إلكتروتك.

-3-

تقدم إلكتروتك للوكيل كافة وسائل الدعاية والإعلان اللازمة لتصريف المنتجات مجانا بما في ذلك قوائم الأسعار والنماذج .

-4-

العقد نافذ المفعول لمدة سنتين إبتداء من تأريخ التوقيع عليه ويتمدد تلقائيا لمدة سنتين إن لم يقم أحد الطرفين بإلغائه خطيا وذلك بثلاثة أشهر قبل انتهاء مدته.

-5-

يتم البت في أمر توسيع الوكالة لتشمل الأسواق اللبنانية والأردنية بعد مرور سنتين على توقيع هذا العقد.

-6-

يتم حساب العمولة كل ربع سنة (كل ثلاثة أشهر).

-7-

تتعهد إلكتروتك طول فترة سريان هذا العقد بعدم تسمية وكيل أخر في الأسواق السورية. ويتعهد الوكيل بدوره بعدم تمثيل شركات أخرى تعتبر منتجاتها نفس منتجات إلكتروتك أو تشابهها.

-8-

يعلن الطرفان المتعاقدان موافقتهما على فقرات هذا العقد ويقومان بالتوقيع عليه شخصيا.

تم تحرير هذا العقد بثلاث نسخ أصلية باللغتين الألمانية والعربية
يستلم كل طرف نسخة أصلية
النسخة الألمانية هي النسخة المعتمدة
يحتفظ كاتب العدل بنسخة أصلية

تم التعاقد عليه في مدينة لايبزك بتاريخ 12/20/...
مكان التقاضي مدينة لايبزك ـ ألمانيا
توقيع الطرفين المتعاقدين ...
توقيع كاتب العدل ...
توقيع الشهود ...

Tender / Ausschreibung   إعلان مناقصة

Staatliche Eisenbahngesellschaft

Tender / Ausschreibung

Die staatliche Eisenbahngesellschaft gibt die Ausschreibung eines Tenders zum Import von Gummipuffern zur Schienenbefestigung des Typs: PR607a, gemäß den Bedingungen und technischen Parametern, die über die Einkaufsabteilung am Sitz der Gesellschaft gegen Entrichtung von neunzigtausend (90000) Dinar ohne Rückzahlungsrecht bezogen werden, bekannt. Unternehmer, die an der Ausschreibung teilnehmen wollen, müssen Ihre Angebote in einem geschlossenen und versiegelten Umschlag, auf dem der Name der Ausschreibung steht, im Postfach für Angebote des Ministeriums vor Ablauf der Sprechzeit am Mittwoch den 27.02... hinterlegen. Die angebotenen Preise sind endgültig und nicht verhandelbar. Die Gesellschaft ist nicht verpflichtet, das niedrigste Angebot anzunehmen. Angebote, die die erwünschten Bedingungen nicht erfüllen, werden nicht berücksichtigt. Der Bieter, der den Zuschlag erhält, übernimmt die Kosten der Anzeige.

الشركة العامة للسكك الحديد

مناقصة إستيرادية

تعلن الشركة العامة للسكك الحديد عن مناقصة استيرادية لتجهيز وسائد مطاطية ملائمة لمثبتات السكة نوع PR 607a وفق الشروط والمواصفات الفنية التي يمكن الحصول عليها من قسم المشتريات في مقر الشركة مقابل دفع مبلغ قدره (90000) تسعون ألف دينار غير قابل للرد فعلى أصحاب الشركات الراغبين في المشاركة في هذه المناقصة تقديم عطاءاتهم في ظرف مغلق ومختوم يكتب عليه إسم المناقصة ويوضع في صندوق العطاءات بالوزارة علما بأن آخر موعد لقبول العطاءات هو نهاية الدوام الرسمي ليوم الأربعاء المصادف 2/27/... وأن الأسعار المقدمة للعطاءات هي أسعار نهائية غير قابلة للتفاوض. إن الشركة غير ملزمة بقبول أوطأ العطاءات وسوف يهمل أي عطاء غير مستوف للشروط المطلوبة. ويتحمل من ترسو عليه المناقصة أجور نشر الإعلان.

Öffentliche Versteigerung   مزايدة علنية

Bauunternehmen Al-Scharq

Öffentliche Versteigerung

Das Bauunternehmen Al-Scharq versteigert öffentlich die folgenden ge-
brauchten Gegenstände, die in den Hallen der Firma in der Ibn-Khaldun-Street
besichtigt werden können:

- 2 Pick-Up der Marke Toyota

- 2 Lastwagen (Ladekapazität 20 Tonnen) der Marke Skania

- Büromobiliar

- Klimaanlagen

Interessenten müssen eine gesetzlich vorgeschriebene Bietungsgarantie, die
15% des geschätzten Wertes beträgt, am Sitz der Firma zwei Tage vor der
Versteigerung entrichten. Der Bieter muss alle notwendigen Dokumente mit
sich führen und das Ersteigerte innerhalb von drei Tagen räumen. Sollte dies
nicht der Fall sein, so hat er eine Geldbuße in Höhe von fünfunddreißigtausend
(35000) Dinar für jeden weiteren Tag zu zahlen. Die Versteigerung findet am
15.01. … statt. Der Bieter, der den Zuschlag erhält, übernimmt die Kosten der
Anzeige.

Öffentliche Versteigerung مزايدة علنية

شركة الشرق للبناء

مزايدة علنية

تعلن شركة الشرق للمقاولات الإنشائية عن مزايدة علنية لبيع المواد المستعملة التالية والممكن معاينتها في مستودعات الشركة الكائنة في شارع ابن خلدون:

- سيارة بيك أب نوع تويوتا عدد 2
- ثلاث شاحنات سعة 20 طن نوع سكانيا
- أثاث مكاتب
- مكيفات هواء

فعلى من يرغب في المشاركة بالمزايدة إيداع تأمينات قانونية بمقدار 15% من القيمة التقديرية في مقر الشركة قبل يومين من تاريخ المزايدة. على المزايد جلب جميع المستمسكات اللازمة وعليه رفع المواد خلال ثلاثة أيام بعكسه يترتب عليه دفع غرامة مالية مقدارها 35000 خمسة وثلاثون ألف دينار عن كل يوم تأخير. تجري المزايدة بتاريخ 15/1/... ويتحمل من ترسو عليه المزايدة أجور نشر الإعلان.

Abbuchung	سحب
Abnehmer / Abnehmerbetrieb / Kunde	زبون ج زبائن
Absatz	تصريف
Abschlag	سلفة
Absender	المرسل
Akkreditiv	إعتماد ج ات
▶ ein ~ eröffnen	◀ فتح / يفتح اعتمادا
▶ unwiderrufliches ~	◀ إعتماد غير قابل للنقض
▶ übertragbares ~	◀ إعتماد قابل للتحويل
Aktie	سهم ج أسهم
Angebot	عرض ج عروض / عطاء ج ات
▶ ein ~ ablehnen	◀ رفض / يرفض عرضا
▶ um ein ~ bitten	◀ طلب تقديم عرض
▶ ein ~ unterbreiten	◀ قدم / يقدم عرضا
▶ ein ~ prüfen	◀ درس / يدرس عرضا
Anleihe	قرض ج قروض
Anwalt	محامٍ ج محامون
▶ ~skanzlei	◀ مكتب محاماة
Anzeige	إعلان ج ات
▶ eine ~ veröffentlichen	◀ نشر / ينشر إعلانا
Arbeit	عمل ج أعمال
▶ ~geber	◀ رب العمل ج أرباب العمل

► ~geberverband	◄ إتحاد أرباب العمل
Arbeitskräfte	الأيدي العاملة
► billige ~	◄ الأيدي العاملة الرخيصة
arbeitslos	عاطل عن العمل ج عاطلون عن العمل
Arbeitslosigkeit	بطالة
► Verbreitung der ~	◄ تفشي البطالة
Arbeitsmarkt	سوق العمل ج أسواق العمل
Arbeitnehmer	عامل ج عمال
Arbeitsvermittlung	تشغيل
Artikel	سلعة ج سلع
gefragter ~	سلعة رائجة
schwer absetzbarer ~	سلعة كاسدة
Aktiengesellschaft	شركة مساهمة
Auftrag	طلب ج ات / طلبية ج طلبيات
► einen ~ erteilen	◄ قدم / يقدم طلبا
► ~nehmer	◄ مقاول ج ون / متعهد ج ون
► einen ~ stornieren	◄ ألغى / يلغي طلبا
Ausgaben	إنفاق/ ج نفقات
Auskunft	معلومة ج ات
► um ~ bitten	◄ طلب / يطلب معلومات
Außenhandel	التجارة الخارجية
► ~sbilanz	◄ ميزان التجارة الخارجية

► ~defizit	◄ عجز في ميزان التجارة الخارجية
► ~volumen	◄ حجم التجارة الخارجية
Bank	بنك ج بنوك / مصرف ج مصارف
► ~garantien / ~sicherheiten	◄ ضمانات / كفالات مصرفية
► ~note	◄ ورقة نقدية / بنكنوت
► ~überweisung	◄ حوالة مصرفية ج ات مصرفية
► Hypotheken~	◄ البنك العقاري
► Korrespondenz~	◄ بنك مراسل
► Welt~	◄ البنك الدولي
Bankier	مصرفي
Bankrott	إفلاس
► ~ gehen	◄ أفلس / يفلس
► den ~ erklären	◄ أعلن / يعلن عن إفلاسه
Bedarf	حاجة
► einen ~ decken	◄ سد / يسد الحاجة / غطى / يغطي الحاجة
Beschädigung	تضرر
► ~ der Ware	◄ تضرر البضاعة
Beschäftigungspolitik	سياسة توفير فرص العمل
Bestechung	رشوة
Betrag	مبلغ ج مبالغ
Betreff	الموضوع
bevollmächtigt sein	مخوَّل

Blüten	نقود / عملة مزوَّرة
Börse	بورصة ج ات / سوق أوراق مالية ج أسواق أوراق مالية
Boykott	مقاطعة
Budget / Etat	ميزانية ج ات
Buchhalter	محاسب ج محاسبون
Container	حاوية ج حاويات
CIF	يتحمل البائع لغاية التوريد، تكاليف التأمين والشحن
Daten	مواصفات / بيانات
► technische ~	◄ مواصفات فنية
Darlehen	قرض ج قروض / سلفة ج سلف
Defizit	عجز
► ein ~ decken	◄ غطّى / يغطي عجزا
DEQ (geliefert ab Kai)	تسليم رصيف ميناء الشحن
detailliert	مفصل / بالتفصيل
Devisen	عملة صعبة / حرة / أجنبية / قطع أجنبي
► ~abfluß	◄ تدفق / تسرب العملات الأجنبية إلى الخارج
► ~abkommen	◄ إتفاق الصرف الأجنبي
► ~zufluß	◄ تدفق العملات الأجنبية إلى الداخل
Distribution	توزيع
Dokument	مستند ج ات
► Dokumente gegen Akzept (d/a)	◄ المستندات المتوقفة على القبول

► Dokumente gegen Zahlung (d/p)	◄ المستندات المتوقفة على الدفع
Eigentum	ملكية
Einfuhr / Import	إستيراد
► ~steuer	◄ ضريبة على البضائع المستوردة / الواردات
► ~zölle	◄ رسوم جمركية على البضائع المستوردة / الواردات
einführen / importieren	إستورد / ستورد هـ
Einkauf	شراء / مشتريات
► ~sleiter	◄ مدير مشتريات
Einkommen	دخل
Einnahmen	ج عائدات / واردات
Einstellung	تعيين ج ات
► ~sstop	◄ وقف التعيين
Empfänger	المرسَل إليه
Entlassung	تسريح ج ات
Entwicklung	تنمية / تطوير
► ~sländer	◄ الدول النامية
Ersparnis	ج مدخرات
Exemplar	نسخة ج نسخ
Export / Ausfuhr	تصدير
fällig sein (Zahlung)	مستحق الدفع
► mit Wirkung zum … fällig werden	◄ تحت الدفع اعتبارا من …

Fälschung	تزوير
gefälscht sein	مزوَّر
fälschen	زوَّر / يزور هـ
Filiale	فرع ج فروع
Filialleiter	مدير فرع
Finanzamt	مصلحة ج مصالح / دائرة ج دوائر الضرائب
Finanzbericht	تقرير مالي ج تقارير مالية
Finanzjahr	سنة مالية
Finanzplanung	خطة مالية ج خطط مالية
Finanzministerium	وزارة المالية
Finanzwesen	الشؤون المالية
Firma	شركة ج ات
▶ eine ~ gründen	◀ أسس / يؤسس شركة
Flaute	إنحسار إقتصادي
Floating	تعويم
FOB (frei an Bord)	تسليم ظهر الباخرة
Fond	صندوق
Fracht	شحنة / حمولة
▶ ~brief	◀ بوليصة الشحن ج بواليص الشحن
▶ ~kosten	◀ تكاليف الشحن
▶ ~papiere	◀ مستندات الشحن
▶ See~	◀ شحنة بحرية

► Luft~	◄ شحنة جوية
Freihandelszone	منطقة تجارة حرة
frei von Haftung für Schäden	خالي المسؤولية عن التلف والضرر
Gebühren	رسم ج رسوم
► ~pflichtig	◄ خاضع للرسوم
Geld	نقد ج نقود
► ~institut	◄ مؤسسة ج ات مالية
► ~wechsel	◄ صرف / تصريف العملة
Geschäft	صفقة ج ات
► ein ~ abschließen	◄ عقد / يعقد صفقة / تعاقد / يتعاقد على صفقة
► ein profitables ~	◄ صفقة مربحة
Gericht	محكمة ج محاكم
► ~svollzieher	◄ منفذ قانوني
Geschäftspartner	عميل تجاري ج عملاء تجاريون
Gesellschaft	شركة ج ات
► ~ mit beschränkter Haftung (GmbH)	◄ شركة ذات مسؤولية محدودة
► Kommandit~	◄ شركة توصية
► Mutter~	◄ الشركة الأم / شركة أساسية
► Tochter ~	◄ الشركة البنت / شركة تابعة
Gewerbesteuer	ضريبة الأعمال الحرة
Gewinn	ربح ج أرباح
► ~beteiligung	◄ المشاركة في الأرباح

► ~bringend	◄ مربح
► Gewinne erzielen	◄ حقَّق / يحقَّق أرباحا
► sagenhafte Gewinne erzielen	◄ حقَّق / يحقَّق أرباجا خيالية
Gläubiger	دائن
Güter	ج سلع / بضائع
handeln mit	تاجر / يتاجر ب هـ
Handel	تجارة
► ~sabkommen	◄ إتفاقية تجارة / إتفاق تجاري
► ~sattaché	◄ ملحق تجاري
► ~sbeschränkungen	◄ قيود تجارية / قيود مفروضة على التجارة
► ~sbilanz	◄ ميزان تجاري
► ~skorrespondenz	◄ مراسلات تجارية
► ~spartner	◄ طرف تجاري ج أطراف تجارية / شريك تجاري ج شركاء تجاريون
► ~spolitik	◄ سياسة تجارية
► ~ treiben	◄ مارس / يمارس التجارة
► ~svertreter	◄ وكيل تجاري
► Binnen~	◄ التجارة الداخلية
► Einzel~	◄ تجارة المفرد
► Groß~	◄ تجارة الجملة
► die Liberalisierung des ~s	◄ تحرير التجارة
Haushalt	ميزانية

► ~sdefizit	عجز في الميزانية ◄
► Staats~	ميزانية الدولة ◄
herstellen	أنتج / ينتج هـ
Hersteller	منتج ج ون
hergestellt in (Made in)	صنع في / مصنوع في / صناعة
Hypothek	قرض عقاري
► ~enbank	بنك عقاري ◄
Index	مؤشر ج مؤشرات
Industrie	صناعة ج ات
► ~länder	الدول الصناعية ◄
Industrie- und Handelskammer	غرفة التجارة والصناعة
Immobilie	عقار ج ات / أموال غير منقولة
Inflation	تضخم
► ~srate	نسبة التضخم ◄
Informationen	ج معلومات
Inkasso	مكتب استحصال الديون
Innovation	إبتكار ج ات
Internationaler Währungsfond (IWF)	صندوق النقد الدولي
Investitionen	إستثمار ج ات
investieren	إستثمر / يستثمره
Kapazität	سعة / طاقة
Kapital	رأس مال ج رساميل / رؤوس أموال

► ~export	◄ تصدير رأس المال
► ~flucht	◄ تسرب رأس المال
Katalog	كتالوج ج كتالوجات
Käufer	مشتري ج مشترون
Kaufkraft	قدرة شرائية
Kompetenz	إختصاص ج ات
Konkurrenz	منافسة / تنافس
► jmdm. ~ machen	◄ نافس / ينافس ه / زاحم / يزاحم ه (في)
Konjunktur	إنتعاش إقتصادي
Kontrakt	عقد تجاري ج عقود تجارية
Kontraktor	مقاول ج ون
Konzern	شركة عظمى
► multinationaler ~	◄ شركة متعددة الجنسيات
Konto	حساب
► ein ~ anlegen / eröffnen	◄ فتح / يفتح حسابا
► Giro~	◄ حساب جار
Kosten	ج مصاريف / نفقات
Kredit (von einer Bank bereitgestellte Geldsumme)	إعتماد ج ات
► ~ (von einer Bank bereitgestelltes Kapital)	◄ إئتمان ج ات
► ~ (beanspruchte Summe bzw. Kapital selbst)	◄ قرض ج قروض
► freiverzinslicher ~	◄ قرض ذو فائدة حرة

▶ gesicherter ~	◀ قرض بضمان / قرض مقدم بضمان
▶ kommerzieller ~	◀ قرض تجاري
▶ kurzfristiger ~	◀ قرض قصير الأجل / الأمد
▶ langfristiger ~	◀ قرض طويل الأجل / الأمد
▶ mittelfristiger ~	◀ قرض متوسط الأجل / الأمد
▶ zinsloser ~	◀ قرض بدون فائدة
▶ einen ~ aufnehmen bei	◀ إقترض / يقترض من
▶ einen ~ erhalten	◀ حصل / يحصل على قرض
▶ einen ~ gewähren	◀ منح / يمنح قرضا / قدم / يقدم قرضا
▶ ~karte	◀ بطاقة إئتمان ج بطاقات إئتمان
▶ ~laufzeit	◀ مدة تسديد القرض
Krise	أزمة ج ات
▶ Wirtschafts~	◀ أزمة إقتصادية
Ladung	شحنة / حمولة
▶ eine ~ löschen	◀ فرغ / يفرغ الحمولة / أفرغ / يفرغ الحمولة
Ladenhüter	سلعة كاسدة ج سلع كاسدة
Lager	مستودع ج ات / مخزن ج مخازن
▶ direkt ab ~ kaufen	◀ إشترى / يشتري من المستودع مباشرة
Lieferant / Lieferbetrieb	مورد ج ون
lieferbar	متوفر
Lieferbedingungen	شروط التوريد
Lieferung	شحنة / توريد

► eine ~ unvollständig erhalten	◄ إستلم / يستلم الشحنة ناقصة / منقوصة
► ~ via Bahn	◄ تسليم السك الحديد
► ~sbedingungen	◄ شروط التوريد
Lieferschein	إيصال التسليم ج ات التسليم
Liefertermin	ميعاد / موعد التسليم ج مواعيد التسليم
Lieferverzögerung	تأخر توريد البضاعة
Lieferzeit	مدة التوريد
Liquidität	سيولة نقدية
Lizenz	رخصة ج رخص / ترخيص ج تراخيص
Lohn	أجرة ج أجور
Mahnung	إخطار
Management	إدارة الأعمال
Makler	سمسار ج سماسرة
Marketing	تسويق
Markt	سوق ج أسواق
► ~analyse	◄ دراسة حالة السوق
► neue Waren auf den ~ bringen	◄ طرح / يطرح في السوق بضائع جديدة
► neue Märkte erschließen	◄ فتح / يفتح أسواقا جديدة
► den ~ mit Waren überschwemmen	◄ أغرق / يغرق السوق بالسلع
► sich vom ~ zurückziehen	◄ إنسحب / ينسحب من السوق
► ~forschung	◄ دراسة حالة السوق
► ~wirtschaft, freie	◄ سياسة الإقتصاد الحر

▶ Schwarz~	◀ السوق السوداء
Mehrwertsteuer	ضريبة المبيعات
Mobilien	ج أموال منقولة
Monopol	إحتكار ج ات
Muster	نموذج ج نماذج / عينة ج عينات / مسطرة ج مساطر
Nachfrage	الطلب
▶ Angebot und ~	◀ العرض والطلب
▶ den Gesetzen von ~ und Nachfrage unterworfen sein	◀ خاضع لمتطلبات العرض والطلب
ordern	طلب / يطلب ه
▶ eine Ware ~	◀ طلب / يطلب بضاعة
öffentlich	عام
▶ ~er Dienst	◀ الخدمة العامة / المدنية
▶ ~e Gelder	◀ المال العام
▶ Verschwendung von ~en Geldern	◀ تبذير المال العام
Paragraph	مادة ج مواد
Parameter	ج مواصفات
▶ technische ~	◀ مواصفات فنية
Patent	براءة إختراع ج ات إختراع
▶ ein ~ anmelden	◀ سجل / يسجل براءة اختراع
Personalabbau	تقليص عدد العاملين
Personalabteilung	قسم شؤون الموظين
Personalleiter	رئيس قسم شؤون الموظين

Preis	سعر ج أسعار
▶ annehmbarer ~	◄ سعر مقبول
▶ ~festlegung	◄ تحديد الأسعار
▶ ~liste	◄ قائمة الأسعار
▶ ~manipulation	◄ التلاعب بالأسعار
▶ ~schwankung	◄ تقلب الأسعار ج ات الأسعار
▶ ~senkung	◄ تخفيض الأسعار
▶ Markt~	◄ سعر السوق
▶ Top~	◄ سعر لا يقبل المنافسة / المزاحمة
▶ zu Spottpreisen verkaufen	◄ باع / يبيع ه بأبخس الأسعار
▶ zum aktuell gültigen ~	◄ بالسعر الجاري
Probeauftrag	طلب تجريبي
Produkte	ج منتجات / منتوجات
Produktion	إنتاج
Produktivität	إنتاجية
produzieren	أنتج / ينتج هـ
Produzent	منتج ج ون
Pro-forma-Rechnung	فاتورة صورية
Provision	عمولة
Qualität	نوعية / جودة
Quote	نسبة ج نسب
Rabatt	خصم / حسم / تنزيل ج ات

▶ einen ~ gewähren	◀ منح / يمنح ه خصما / حسما / تنزيلا
▶ Handels~	◀ حسم تجاري
Rate (Prozentsatz)	معدل / نسبة
▶ Wachstums~	◀ معدل النمو ج ات / وتيرة النمو ج وتائر النمو
Rate (Teilbetrag einer Zahlung)	قسط ج أقساط
auf Raten	بالتقسيط
Ratenzahlung	الدفع بالأقساط
Rechnung	حساب
▶ eine ~ bezahlen	◀ دفع / يدفع الحساب
▶ eine ~ begleichen	◀ سدَّد / يسدِّد الحساب
▶ ~sprüfer	◀ مدقق حسابات
Regresspflicht	الزامية التعويض
Ressourcen	ثروة ج ات
Rezession	إنكماش إقتصادي / ركود إقتصادي
Risiko	مجازفة ج ات / مخاطرة ج ات
Sanktion	عقوبة ج عقوبات
Scheck	صك ج صكوك
▶ ungedeckter ~	◀ صك بدون تغطية
▶ per ~ bezahlen	◀ دفع / يدفع بالصك
Schriftverkehr	مراسلات
Schuld	دَيْن ج ديون
▶ Auslandsschulden	◀ ديون خارجية

◄ eine ~ begleichen	◄ سدَّد/ يسدِّد دينا
Schuldner	مدين
Sendung	إرسالية ج ات
Sortiment	تشكيلة ج ات
Spekulant	مضارب ج ون
Spekulation	مضاربة
Stabilität	إستقرار
Stagnation	ركود إقتصادي
Stelle	وظيفة ج وظائف
► eine freie ~	◄ وظيفة شاغرة
Steuer	ضريبة ج ضرائب
► eine ~ bezahlen	◄ دفع / يدفع الضريبة
► eine ~ eintreiben	◄ إستحصال الضرائب
► ~befreiung	◄ الإعفاء من (دفع) الضريبة
► ~erhebung	◄ فرض الضرائب
► ~hinterziehung	◄ التهرب من دفع الضرائب
Streik	إضراب ج ات
► General~	◄ إضراب عام
► Warn~	◄ إضراب تحذيري
Talsohle	المستوى الأدنى / أدنى مستوى / الحضيض
Tarif	تعريفة ج ات / تعاريف
Tender	مناقصة (علنية) ج ات

► ~ausschreibung	◄ إعلان مناقصة
► den Zuschlag für einen ~ erhalten	◄ رست / ترسو المناقصة على
Termin	ميعاد / موعد ج مواعيد
Transfer	تحويل
Transit	ترانسيت
► ~handel	◄ تجارة الترانسيت
Transport	نقل
► ~ auf dem Landweg	◄ النقل البري / بطريق البر / برا
► ~ auf dem Seeweg	◄ النقل البحري / بطريق البحر / بحرا
► ~ auf dem Luftweg	◄ النقل الجوي / بطريق الجو / جوا
Umsatz	ج مبيعات
Umschulung	إعادة جدولة الديون
Unternehmen	شركة ج ات
Unternehmer	رجل أعمال / رجال أعمال
Unterschrift	توقيع ج تواقيع
Verbraucher	مستهلك ج ون
verhandeln	تفاوض / يتفاوض مع ه على هـ
Verhandlungen	مفاوضات
► ~ führen	◄ تفاوض / يتفاوض هـ
► Verlauf der ~	◄ سير المفاوضات
► unverhandelbar	◄ غير قابل للتفاوض
Verkauf	بيع ج بيوع
► Verkäufer	◄ بائع ج بائعون / باعة

► ~sleiter	◄ مدير مبيعات
Vermögen	ملك ج أملاك
Verrechnung	مقاصة
► ~sabkommen	◄ إتفاقية المقاصة المتبادلة / إتفاقية مقاصة الصرف
► ~skonto	◄ حساب المقاصة
► ~swährung	◄ عملة وسيطة
Versandavis	إشعار بشحن البضاعة
Versicherung	تأمين
Verschuldung	مديونية
verschuldet sein	مديون
verschwenden	بذَّر / يبذِّر هـ
Verschwendung	تبذير
► ~ von Steuergeldern	◄ تبذير عائدات الضرائب
Versteigerung	مزاد علني / مزايدة (علنية) ج ات
► den Zuschlag für die ~ bekommen	◄ رست / ترسو المزايدة على ...
Vertrag	إتفاقية ج ات
► einen ~ abschließen	◄ عقد / يعقد إتفاقية
► einen ~ annulieren / stornieren	◄ ألغى / يلغي اتفاقية
► einen ~ einhalten	◄ إلتزم / يلتزم بالإتفاقية
► laut ~	◄ بموجب الإتفاقية
► einen ~ unterzeichnen	◄ وقَّع / يوقِّع على الإتفاقية
► ~sbestimmungen	◄ أحكام الإتفاقية

Vertreter	وكيل ج وكلاء
► Handels~	◄ وكيل تجاري
Vertrieb	توزيع / تصريف / بيع
Veruntreuung	إختلاس
Vollmacht	وكالة
vorschießen	سلَّف / يسلِّف هـ
Vorschuss	سلفة
Vorzugspreis	سعر تفضيلي
Vorzugstarif	تعريفة تفضيلية
Vorzugszoll	تعريفة جمركية / تفضيلية
Wachstum	نمو
► wirtschaftliches ~	◄ نمو إقتصادي
Währung	عملة
► harte ~	◄ عملة صعبة
► konvertierbare ~	◄ عملة قابلة للتحويل
► stabile ~	◄ عملة مستقرة
► im Umlauf befindliche ~	◄ عملة متداولة
Weiterbildung	تأهيل
Währungsunion	إتحاد نقدي
Währungsverfall	تدهور أسعار العملة
Ware	بضاعة ج بضائع / سلعة ج سلع
► Warenbörse	◄ بورصة بضائع

► Warenkredit	◄ قرض بضمان بضائع
► Warenzeichen / eingetragene Marke (trademark)	◄ علامة تجارية مسجلة
Wechsel (fin.)	كمبيالة ج ات
► ~kurs	◄ سعر الصرف
Werbung	الدعاية / الإعلان
Wertpapiere	أوراق مالية
Wirkungsgrad	درجة الكفاءة
Zahlung	دفع / مدفوعات
► Bar~	◄ الدفع نقدا
► ~ per Nachnahme	◄ الدفع عند التسليم
► ~ im Voraus	◄ الدفع سلفا / مقدما
► ~sabkommen	◄ إتفاقية دفع
► ~sbedingungen	◄ شروط الدفع
► ~sbilanz	◄ ميزان المدفوعات
► ~sbilanzdefizit	◄ عجز في ميزان المدفوعات
► ~bilanzüberschuss	◄ فائض في ميزان المدفوعات
Zertifikat	شهادة ج ات
► Ursprungs~	◄ شهادة المنشأ
Zins	فائدة ج فوائد
► ~fuß / ~satz	◄ سعر الفائدة
► zinslos	◄ بدون فائدة
zu niedrigen Zinsen	بفوائد مخفضة

Zoll	جمرك ج جمارك
▶ ~erhebung	◀ فرض الرسوم الجمركية
▶ ~erleichterungen	◀ تسهيلات جمركية
▶ ~erklärung	◀ إقرار جمركي
▶ ~gebühr	◀ رسم جمركي ج رسوم جمركية
▶ ~schranken	◀ قيود جمركية
zu Händen	ليد
Zweigstelle	فرع ج فروع